TOEFL®テスト
大戦略シリーズ Ⅲ

TOEFL ITP®テスト
文法問題攻略［改訂版］

島崎美登里
ロバート・ヒルキ
ポール・ワーデン 著

著者

島崎美登里（しまざき みどり）

埼玉県立大学名誉教授。コロンビア大学大学院修了（英語教育）。TOEFL に関する指導実績を持つ。著書に『第二言語学習と個別性』（共著）など。論文に "Developing Vocabulary in a University Reading Class: Autonomous Learning and Multiple Exposures in Context"、「第二言語によるコミュニケーションに関わる学習者の情意要因」など。

Robert Hilke（ロバート・ヒルキ）

企業研修トレーナー。元国際基督教大学専任講師、カリフォルニア大学大学院修了（言語学）。国際的な大企業向けの研修を年間約 250 日以上行う。1984 年から日本で TOEFL・TOEIC 関連セミナーを続けており、TOEFL テスト・TOEIC テストを数十回受験、その傾向・特徴を分析している。著書に『新 TOEIC テスト 直前の技術』（共著，アルク）、『頂上制覇 TOEIC テスト 究極の技術』シリーズ（共著，研究社）他、TOEIC、TOEFL、GRE など、テスト対策の書籍は 80 冊以上。

Paul Wadden, Ph.D.（ポール・ワーデン）

順天堂大学国際教養学部教授。ヴァーモント大学大学院修了（修辞学）。イリノイ州立大学大学院修了（英米文学博士）。著述家・文学者。ニューヨーク・タイムズ、ウォールストリート・ジャーナル、ワシントン・ポストなど、多数の新聞および雑誌に執筆。著書に A Handbook for Teaching English at Japanese Colleges and Universities（Oxford University Press）、TESOL Quarterly、College Composition、College Literature に掲載の言語教育に関する論文、50 冊を超える TOEIC TEST、TOEFL TEST 対策教材など多数。

※本書は、2010 年 3 月に刊行された『これならわかる TOEFL® ITP テスト 文法マスター 440』を改訂したものです。

はじめに

TOEFL テストは、英語を母語としない人を対象とした英語能力試験で、TOEFL ITP テスト（Institutional Testing Program）は、その団体向けのテストプログラムです。リスニング、文法、リーディングの各セクションにおいてよい結果を出すには、相当の英語能力と出題に関する知識が必要です。

リスニング、リーディングの力を伸ばすには長期的な学習が必要ですが、文法セクションのスコアは、短期集中学習により、大きく伸ばすことが可能です。なぜなら、特定の文法ポイントが繰り返し出題されるからです。文法セクションの 2 つの出題タイプである "Structure" および "Written Expression" に見られる文法ポイントの多くは、中学校・高等学校で学習されたものです。文法を復習し、知識を確実に身につけ、それに基づいて文法問題に解答することが、迅速で劇的なスコアの伸びにつながると、筆者たちの 30 年以上に及ぶ指導経験からはっきりと言えます。

本書は、読者の充実した学習の手助けとなるように、文法問題を解くのに必要な基礎的文法事項の詳細な説明、問題の着目点や解法プロセスの具体的な説明と練習問題、実際の問題に類似した 5 セットの模擬問題と解説、語彙リストと練習問題を掲載しています。

この新版では、次の点を改善しています。

・全体として、より広範囲な学習者を対象とし、文法が得意な学習者、文法が苦手な学習者、以前学習はしたが忘れかけていて再学習が必要だと感じている学習者のいずれもの助けとなるように心がけました。

・文法問題を解くのに必要な文法事項を説明した章を新たに設けました。（CHAPTER 1）

・文法問題に正解する方略をさらに明確に示しました。（CHAPTER 2）

・答えの選択肢がなぜ正しいか、なぜ誤りかを詳細に解説しました。CHAPTER 2 の練習問題の解説ではさらにわかりやすくするため大幅に加筆し、CHAPTER 3 も同様の視点で全面的に見直しました。

・文法問題における重要な語彙を挙げ、TOEFL を意識した同意語・反意語の見直しを行いました。（CHAPTER 4）

本書で学習することにより、TOEFL ITP のスコアの大きな伸びが期待できますが、加えて、身につけた文法知識をライティングやスピーキングなどに活かすことで、総合的な英語力向上につなげることも可能です。

英語を習得することで見えてくることや経験できることがあると思います。よりよい日々を目指して、効率よく達成感を得ながら学習を進めていただければと思います。本書が、学習に取り組む読者の皆様の力強いサポートになることを心から願います。

2015 年 3 月

島崎美登里／Robert Hilke／Paul Wadden

もくじ

Written Expression

CHAPTER 3：Practice Tests

CHAPTER 4：重要語彙リスト＋Exercises

編集協力●株式会社シー・レップス、本多美佐保、Jason Chau
装丁デザイン●内津剛（及川真咲デザイン事務所）
本文デザイン●尾引美代

本書の利用法

本書は、「基本文法のおさらい」「攻略のポイント＋練習問題」「Practice Tests」「重要語彙リスト＋ Exercises」から構成されています。

「基本文法のおさらい」

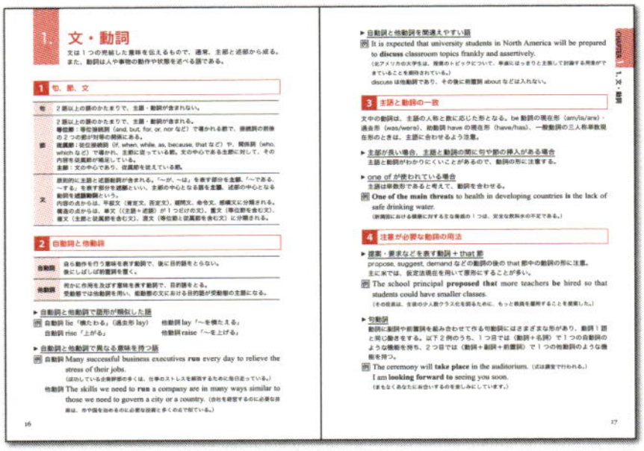

TOEFL ITP の文法セクションを解くために、確認しておきたい基本的な文法事項を解説しています。

「攻略のポイント＋練習問題」

文法セクションでよく問われるポイントを、Structure と Written Expression それぞれについて 15 選び、解くためのコツを詳しく説明しています。

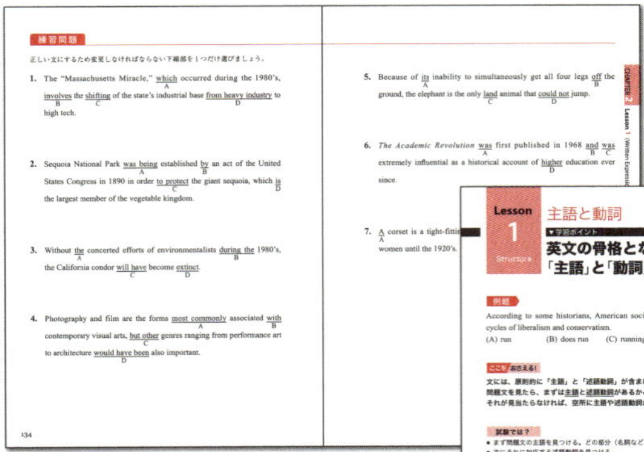

練習問題

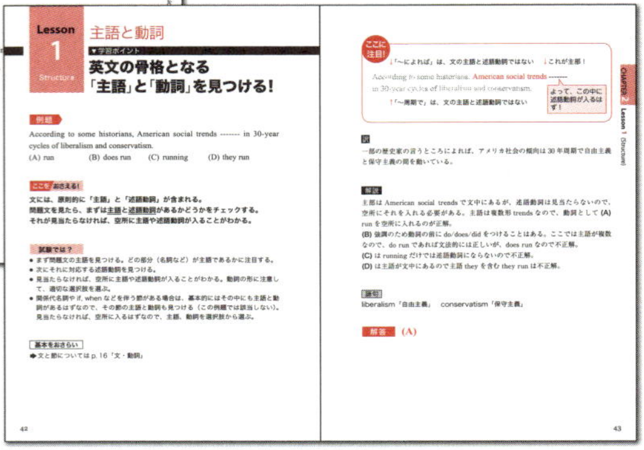

攻略のポイント

「Practice Tests」

本番と同じ形式の文法問題が、5セット収録されています。学習したことが身についているか、苦手な部分はないか、確認しましょう。

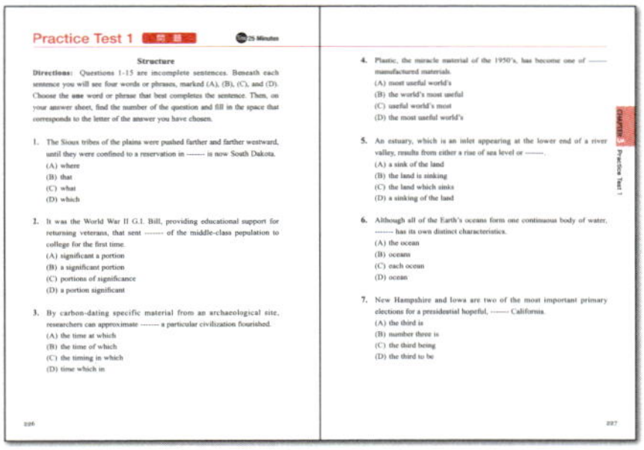

Practice Test 1 問題 25 Minutes

Structure

Directions: Questions 1-15 are incomplete sentences. Beneath each sentence you will see four words or phrases, marked (A), (B), (C), and (D). Choose the **one** word or phrase that best completes the sentence. Then, on your answer sheet, find the number of the question and fill in the space that corresponds to the letter of the answer you have chosen.

1. The Sioux tribes of the plains were pushed farther and farther westward, until they were confined to a reservation in ------- is now South Dakota.
(A) where
(B) that
(C) what
(D) which

2. It was the World War II G.I. Bill, providing educational support for returning veterans, that sent ------- of the middle-class population to college for the first time.
(A) significant a portion
(B) a significant portion
(C) portions of significance
(D) a portion significant

3. By carbon-dating specific material from an archaeological site, researchers can approximate ------- a particular civilization flourished.
(A) the time at which
(B) the time of which
(C) the timing in which
(D) time which in

4. Plastic, the miracle material of the 1950's, has become one of ------- manufactured materials.
(A) most useful world's
(B) the world's most useful
(C) useful world's most
(D) the most useful world's

5. An estuary, which is an inlet appearing at the lower end of a river valley, results from either a rise of sea level or -------.
(A) a sink of the land
(B) the land is sinking
(C) the land which sinks
(D) a sinking of the land

6. Although all of the Earth's oceans form one continuous body of water, ------- has its own distinct characteristics.
(A) the ocean
(B) oceans
(C) each ocean
(D) ocean

7. New Hampshire and Iowa are two of the most important primary elections for a presidential hopeful, ------- California.
(A) the third is
(B) number three is
(C) the third being
(D) the third to be

CHAPTER 3 Practice Test 1

226 / 227

「重要語彙リスト＋Exercises」

Lesson 1 (Structure)

□ anatomy	body structure, form
□ ancestry	lineage, descent, parentage / offspring, descendant
□ attempt	try, endeavor
□ classify	categorize, group, sort
□ conservative	traditional, conventional / liberal, progressive
□ consist	contain, comprise, incorporate, involve
□ enact	pass, legislate, decree / repeal, revoke
□ invent	devise, create, originate
□ reflect	display, express
□ skull	cranium, brain case

Lesson 2

□ devote	dedicate, allot, assign
□ disease	illness, sickness, ailment, disorder / health
□ estimate	guess, suppose, assess, approximate
□ genetic	hereditary, inherited / acquired
□ infertile	barren, sterile, unproductive / fertile, rich, abundant, plentiful
□ isolation	alienation, seclusion
□ nutrition	nourishment, sustenance
□ province	state, prefecture, region, district, area
□ reproduction	procreation, breeding, duplicate, replica, imitation

Lesson 3

□ acknowledge	admit, concede, accept, approve / deny, reject, refuse
□ adaptation	conversion, change, variation, version
□ adoption	acceptance, approval / rejection, refusal, dismissal
□ decade	10年間 / ten-year period
□ exertion	use, exercise, activity, effort, work / inactivity, idleness, indolence
□ mass	amount, quantity, bulk
□ prominence	fame, distinction, renown / obscurity, insignificance

Lesson 4

□ discipline	field, subject, area of study, specialty
□ geological	
□ gravity	weight, attraction
□ instrumental	helpful, useful / unhelpful, useless
□ publication	printing, issuance, printed book, magazine, newspaper

CHAPTER 4 重要語彙リスト

308 / 309

CHAPTER 2で学習した語彙やその関連語の中で特に覚えておきたいものを、同意語**同**・反意語**反**とともにまとめました。Exercisesもついているので、語彙を確実に覚えるために活用してください。

TOEFL ITP テスト Information

TOEFL ITP テストとは

TOEFL テストは、Test of English as a Foreign Language の略で、主に北米の大学や大学院で学ぶことを志願する際に、英語を母語としない人の英語能力を測定するテストです。アメリカの教育研究機関 ETS（Educational Testing Service）によって制作されています。
TOEFL ITP とは、ETS が提供する団体向けテストプログラムです。テストは過去の TOEFL PBT テスト（ペーパー形式）の問題を利用しており、Level 1 と Level 2 の 2 つのレベルが設けられています。日本においても、大学、高等学校、企業など、全国 500 以上のさまざまな団体に利用されています。本書はスコアが TOEFL テストと高い相関関係にある一般的な Level 1 のテストに対応しています。

※2022 年 11 月現在の情報です。受験の際は ETS Japan ホームページで最新情報をご確認ください。

ITP (Level 1) の構成

テストの各セクションの構成です。解答方法は、4つの選択肢の中から1つを選び、マークシートをぬりつぶします。

	セクション	パート	設問数	内容	解答時間
1	Listening Comprehension (リスニング)	Part A	30	短い会話を聞き、質問に答える	約35分
		Part B	8	2つの長い会話を聞き、それぞれいくつかの質問に答える	
		Part C	12	3つの長いトークや講義の一部を聞き、それぞれいくつかの質問に答える	
2	Structure and Written Expression (文法)	Structure	15	空所のある短い文章を読み、空所に入る語句を選ぶ	25分
		Written Expression	25	短い文章の4箇所の下線部のうち、誤りのあるものを選ぶ	
3	Reading Comprehension (リーディング)	Reading	50	5つのパッセージを読み、それぞれいくつかの質問に答える	55分

合計　約115分

ITP の スコア

スコアは、各セクションごとに以下のスコア範囲で算出されます。全体スコアは最低 310 点〜最高 677 点になります。結果は実施団体宛に送付されます。

セクション		スコアの範囲
1	**Listening Comprehension**	31〜68
2	**Structure and Written Expression**	31〜68
3	**Reading Comprehension**	31〜67
	全体	310〜677

iBT との違い

TOEFL テストには､ITP と iBT という 2 つのタイプがあります。特に用途、試験形式や出題されるセクションが大きく異なりますので、それぞれの違いを理解しておきましょう。

	ITP	iBT
用途	通常、留学で求められる公式なスコアとしては使えないが、大学のクラス分け、大学院入試、交換留学の学内選抜、iBT 受験の準備などに広く使われる	主に北米を中心とした英語圏への留学に必要な公式スコアとして使われる
個人・団体	団体受験のみ (個人では申し込めない)	個人で受験 (受験者が自分で申し込む)
形式	ペーパー版／デジタル版	PC
問題作成	かつて使われた PBT の問題を利用	新たに作成
セクション	リスニング／文法／リーディング	リーディング／リスニング／スピーキング／ライティング *リーディング・リスニングは内容や形式が ITP とは異なる
時間	約 2 時間	約 2 時間
スコア	310～677 (各セクション 31～67 または 68)	0～120 (各セクション 0～30)

問い合わせ先

英語教育関係者、高等学校・大学教職員、国際交流団体・企業関係者など、ご自身の学生・生徒・社員などに対して TOEFL ITP 実施をご検討の方は、下記よりお問い合わせください。個人でのお申し込みはできませんのでご注意ください。

ETS Japan 合同会社

TOEFL® テスト日本事務局

ホームページ：https://www.etsjapan.jp/

CHAPTER 1
基本文法のおさらい

1. 文・動詞

文は１つの完結した意味を伝えるもので、通常、主部と述部から成る。また、動詞は人や事物の動作や状態を述べる語である。

1 句、節、文

句	２語以上の語のかたまりで、主語・動詞が含まれない。
節	２語以上の語のかたまりで、主語・動詞が含まれる。 **等位節：**等位接続詞（and, but, for, or, nor など）で導かれる節で、接続詞の前後の２つの節が対等の関係にある。 **従属節：**従位接続詞（if, when, while, as, because, that など）や、関係詞（who, which など）で導かれ、主節に従っている節。文の中心である主節に対して、その内容を従属節が補足している。 **主節：**文の中心であり、従属節を従えている節。
文	原則的に主語と述語動詞が含まれる。「～が、～は」を表す部分を**主部**、「～である、～する」を表す部分を**述部**といい、主部の中心となる語を**主語**、述部の中心となる動詞を**述語動詞**という。 内容の点からは、平叙文（肯定文、否定文）、疑問文、命令文、感嘆文に分類される。 構造の点からは、単文（〈主語＋述語〉が１つだけの文）、重文（等位節を含む文）、複文（主節と従属節を含む文）、混文（等位節と従属節を含む文）に分類される。

2 自動詞と他動詞

自動詞	自ら動作を行う意味を表す動詞で、後に目的語をとらない。 後にしばしば前置詞を置く。
他動詞	何かに作用を及ぼす意味を表す動詞で、目的語をとる。 受動態では他動詞を用い、能動態の文における目的語が受動態の主語になる。

▶ 自動詞と他動詞で語形が類似した語

例 自動詞 lie「横たわる」（過去形 lay）　他動詞 lay「～を横たえる」
　 自動詞 rise「上がる」　他動詞 raise「～を上げる」

▶ 自動詞と他動詞で異なる意味を持つ語

例 自動詞 Many successful business executives **run** every day to relieve the stress of their jobs.
（成功している企業幹部の多くは、仕事のストレスを解消するために毎日走っている。）

　 他動詞 The skills we need to **run** a company are in many ways similar to those we need to govern a city or a country.（会社を経営するのに必要な技術は、市や国を治めるのに必要な技術と多くの点で似ている。）

▶ 自動詞と他動詞を間違えやすい語

例 It is expected that university students in North America will be prepared to **discuss** classroom topics frankly and assertively.

（北アメリカの大学生は、授業のトピックについて、率直にはっきりと主張して討論する用意ができていることを期待されている。）

discuss は他動詞であり、その後に前置詞 about などは入れない。

3 主語と動詞の一致

文中の動詞は、主語の人称と数に応じた形となる。be 動詞の現在形（am/is/are）・過去形（was/were）、助動詞 have の現在形（have/has）、一般動詞の三人称単数現在形のときは、主語に合わせるよう注意。

▶ 主部が長い場合、主語と動詞の間に句や節の挿入がある場合

主語と動詞がわかりにくいことがあるので、動詞の形に注意する。

▶ one of が使われている場合

主語は単数形であると考えて、動詞を合わせる。

例 **One of the main threats** to health in developing countries **is** the lack of safe drinking water.

（新興国における健康に対する主な脅威の 1 つは、安全な飲料水の不足である。）

4 注意が必要な動詞の用法

▶ 提案・要求などを表す動詞＋that 節

propose, suggest, demand などの動詞の後の that 節中の動詞の形に注意。
主に米では、仮定法現在を用いて原形にすることが多い。

例 The school principal **proposed that** more teachers **be** hired so that students could have smaller classes.

（その校長は、生徒の少人数クラス化を図るために、もっと教員を雇用することを提案した。）

▶ 句動詞

動詞に副詞や前置詞を組み合わせて作る句動詞にはさまざまな形があり、動詞 1 語と同じ働きをする。以下 2 例のうち、1 つ目では〈動詞＋名詞〉で 1 つの自動詞のような機能を持ち、2 つ目では〈動詞＋副詞＋前置詞〉で 1 つの他動詞のような機能を持つ。

例 The ceremony will **take place** in the auditorium.（式は講堂で行われる。）
I am **looking forward to** seeing you soon.

（まもなくあなたにお会いするのを楽しみにしています。）

2. 時制

現在、過去、未来を基本として、さまざまな時制がある。

1 基本時制

①現在時制

現在の動作、状態や性質、真理、習慣的な行為、確定的な予定などを表す。

例 The sun **rises** in the east.（太陽は東から昇る。）**(真理)**

International airlines usually **cruise** at an altitude of 35,000 feet.

（国際線は通常、高度 35,000 フィートで航行する。）**(習慣的な行為)**

②過去時制

過去の動作、状態、出来事を表す。年代や時を表す語句や、それとともに用いられる語、例えば in, during, ago などがよく用いられる。

例 During the Great Depression of the 1930's there **were** many food distribution programs for those who were out of work.

（1930 年代の大恐慌時代、職を失った人々のために多くの食糧配給事業が存在した。）

③未来時制

未来に起こりそうなこと、起こる予定のこと、起こす意志のあることを表す。

例 Only those students who obtain special permission **will be** able to take more than five classes in their first year of university.

（特別な許可を得た学生のみが、大学の初年次に 5 クラスより多く履修することができる。）

2 完了形

①現在完了形

〈have [has] ＋過去分詞〉の形で、次の意味を表す。

完了・結果	「～したところだ、～してしまった」	現在までに動作が完了していることを表す。
経験	「～したことがある」	現在までにおける経験を表す。
継続	「ずっと～している」	現在まで状態などが継続していることを表す。

現在完了形は、過去の動作や状態を現在と結びつけて表す。一方、過去形は現在とは結びつけずに表す。I **have lost** my wallet. であれば、それにより現在、財布が手元にないという、現在と結びつく意味が含まれるが、I **lost** my wallet. であれば、過去の出来事を表すだけで、現在も手元にないかどうかはわからない。

▶ 完了形と併用不可の表現

yesterday, two weeks ago など明確に過去を表す表現とは一緒に用いない。since や for などがよく用いられる。

②過去完了形

〈had ＋過去分詞〉の形で、過去のあるときを基準として、そのときまでの動作の完了・結果、経験、継続を表す。

例 When I first visited the village, I met a couple who **had lived** there for 30 years.（初めてその村を訪れたとき、30 年間そこに居住してきた夫婦に会った。）

③未来完了形

〈will have ＋過去分詞〉の形で、未来のあるときを基準として、そのときまでの動作の完了・結果、経験、継続を表す。

例 The letter **will have arrived** by the time I come back from my business trip.（私が出張から戻るまでには、手紙は届いているだろう。）

3 進行形

①現在進行形

〈be ＋現在分詞〉で、現在進行中の動作、反復的動作、近い未来の予定などを表す。

▶ 通常は進行形にならない動詞

状態を表す動詞（be, like, want, know など）は、原則的には進行形にならない。ただし、変化している状態や一時的な状態を表す場合は、進行形になることもある。

例 The professor **is being** kind by giving the students an extra week to turn in their assignments.

（教授は、課題の提出において学生にさらに 1 週間の猶予を与えていて、今だけ優しい。）

②そのほかの進行形

過去進行形、未来進行形、現在完了進行形、過去完了進行形、未来完了進行形がある。現在完了進行形は、動作が現在まで連続していることを表す。

4 時制の一致

時制の一致とは、主節の動詞と従属節の動詞の時制を一致させることである。原則として、主節の動詞が過去形の場合、従属節の動詞は過去形または過去完了形になる。以下の例で is は was に変わるが、さらに過去のことであれば had been となる。

例 Most students **think** that organic chemistry **is** the most difficult class in their second year.（学生の多くが、有機化学が 2 年次で最も難しい授業だと思っている。）

→ Most students **thought** that organic chemistry **was [had been]** the most difficult class in their second year.

（学生の多くが、有機化学が 2 年次で最も難しい授業だ［だった］と思っていた。）

3. 受動態

能動態は、主語が動作を「する」人やものであるのに対し、受動態は、主語が「される」側の人やものである。

1 受動態の形と意味

受動態は〈be 動詞＋動詞の過去分詞＋by ～〉が基本形で、「～によって…される」という意味になる（過去分詞については p. 26 参照）。

能動態：The students discussed some health issues.

- The students（学生たちは） 主語
- discussed（について話し合った） 動詞
- some health issues.（健康問題） 目的語

受動態：Some health issues were discussed by the students.

- Some health issues（健康問題が） 能動態の目的語が主語
- were discussed（話し合われた） 〈be 動詞＋過去分詞〉
- by the students.（学生たちによって） 〈by＋能動態の主語〉

2 受動態の時制

①現在形・過去形

現在形は〈am/is/are＋動詞の過去分詞〉で「～される」を表し、過去形は〈was/were＋動詞の過去分詞〉で「～された」を表す。

例 The medical experiments **were conducted** using rats as subjects.
（その医療実験は、ネズミを実験動物として使用して実施された。）

②そのほかのさまざまな時制

能動態と同様、受動態も未来形、現在進行形、現在完了形など、さまざまな時制に変化する。未来形は〈will be＋過去分詞〉、受動態の現在進行形は〈am/is/are＋being＋過去分詞〉で表す。

例 This school **is being built** by the city.
（この学校は市によって建設されている。）

受動態の現在完了は〈have [has] been＋過去分詞〉で表す。

例 Important biological progress **has been made** in the study of human reproduction.（ヒトの生殖の研究において、重要な生物学的進展が遂げられてきた。）

3 目的語が2つある文の受動態

〈主語＋動詞＋目的語 (1) ＋目的語 (2)〉「(1) に (2) を〜する」の文には目的語が2つあるので、それぞれの目的語を主語にした受動態を作ることができる。

例 My father **gave** me a dictionary.（父は私に辞書を与えた。）

→ I **was given** a dictionary by my father.
（私は父から辞書を与えられた。）

→ A dictionary **was given to** me by my father.
（辞書が父から私に与えられた。）

4 知覚動詞・使役動詞を用いた受動態

後に動詞の原形を伴う知覚動詞・使役動詞がある能動態の文は、受動態になると、原形動詞の前に to を必要とする。

例 They **made** me **give** a speech at the party.
（彼らは私にパーティーでスピーチをさせた。）

→ I **was made to give** a speech at the party.
（私はパーティーでスピーチをさせられた。）

5 句動詞が他動詞のような働きをする場合の受動態

〈自動詞＋前置詞〉〈他動詞＋名詞＋前置詞〉などの句動詞を用いた文を受動態にするときは、複数の語のまとまりを1つの他動詞のように扱う。

例 Students who attend every class **are looked at** by their teachers as being dedicated and willing to learn.
（すべての授業に出席する学生は、熱心で進んで学習する者として教員から見られている。）

6 受動態の文における副詞・副詞句

受動態の文における副詞・副詞句は、be 動詞と過去分詞形の動詞の間にあることが多く、受動態と気づきにくいので、注意する必要がある。

例 Children **are** at times **influenced** by the opinions of their friends.
（子供たちは、ときに友人たちの意見に感化される。）

4. 不定詞

準動詞の 1 つである不定詞には、to 不定詞と原形不定詞がある。

1 準動詞と不定詞

もともと動詞ではあるが通常の動詞とは異なる働きをするものを準動詞といい、不定詞、動名詞、分詞の 3 つがある。いずれも主語の人称や数による語形変化がない。不定詞には to のついた to 不定詞と to のつかない原形不定詞がある。

2 名詞的用法の to 不定詞

名詞のように文全体や節の主語、目的語、補語として用いられ、**「～すること」**を表す。

例 The president decided **to hold** a press conference.

(大統領は記者会見を開くことを決めた。)

It is important **to analyze** the audience before the presentation.

(プレゼンテーションの前に聴衆を分析することは重要である。)

このように形式主語 it を文頭に置き、その内容を to 不定詞で説明する構文は、非常によく用いられる。

3 形容詞的用法の to 不定詞

形容詞のように名詞・代名詞を修飾して、**「～すべき、～ための」**を表す。

例 The monastery was located on top of the mountain, so that the monks would have a quiet place **to pray and meditate**.

(その修道院は、修道士たちが祈り黙想するための静かな場所を得ることができるよう、山頂にあった。)

4 副詞的用法の to 不定詞

副詞のように動詞・形容詞・副詞・文全体を修飾して、**「～するために、～して」**を表す。

例 Prior to the Civil War, abolitionists in both the South and North worked hard **to eliminate** slavery.

(南北戦争の前に、南部と北部双方の奴隷制度廃止論者が、奴隷制度をなくすために尽力した。)

5 不定詞の完了形

不定詞の完了形は、〈(to) have＋過去分詞〉で、述語動詞の表すときより前のときの事象、実現されなかったことへの希望や遺憾を表す。

例 For a while during the 1980's, scientists seemed **to have been** on the verge of discovering possible signs of extraterrestrial life.
(1980 年代のある期間、科学者は地球外生物の可能性のある兆しを今にも発見しそうになっているようだった。)

6 原形不定詞

to のつかない原形不定詞は、知覚動詞、使役動詞などとともに用いられる。

①知覚動詞＋目的語＋原形不定詞

五感の働きを表す see, watch, look at, observe, hear, listen to, feel などの知覚動詞とともに原形不定詞を用いる。例えば see であれば、「～が…するのを見る」を表す。

例 The audience **heard** the university orchestra **play** the conductor's original composition for the first time.
(聴衆は、大学のオーケストラが指揮者のオリジナル楽曲を初めて演奏するのを聞いた。)

②使役動詞＋目的語＋原形不定詞

「～させる」を意味する make, have, let などの使役動詞とともに原形不定詞を用いる。使役動詞 get は、原形不定詞ではなく、to 不定詞をとる。

例 The government **made** native Americans **live** on reservations.
(政府は、アメリカ先住民を居留地に住まわせた。)

例 You'd better soak your shirt in water if you want to **get** that stain **to come out**.
(その染みを抜きたければ、シャツを水に浸すとよい。)

7 疑問詞＋to 不定詞

疑問詞に to 不定詞をつけると、to 不定詞の部分は「～するか、～すべきか」という意味になる。

例 I told my brother **what to do** today.
(私は兄［弟］に今日何をするべきか話した。)

The university is now considering **how to finance** the construction of a new library.
(その大学は今、新しい図書館の建設資金をいかに調達するかを考えている。)

5. 動名詞

〜ing の形で表す動名詞は、動詞に名詞的な働きをさせたいときに用いる。

1 動名詞とは

動名詞は〈動詞の原形＋ing〉の形で表す。名詞的な性質を持ち、文の主語、目的語、補語、前置詞の目的語になる。また動詞的な性質も持ち、目的語を続けたり、副詞で修飾されたりすることもある。

例 **Drinking** alcohol is normally not harmful unless one drinks to excess.
（アルコールをとることは、過度に摂取しない限り通常は有害ではない。）

2 前置詞＋動名詞

前置詞の直後に動詞を置く場合、動詞は動名詞になる。動詞の原形や不定詞を置くことはない。

例 **By reconstructing** the skulls of ancient human ancestors, scientists are now able to show what their faces looked like.
（科学者たちは、人類の祖先の頭蓋骨を復元することで、それらの顔がどのようであったかを今や示すことができる。）

3 動名詞の完了形

動名詞の完了形〈having＋過去分詞〉は、原則として述語動詞が示す過去のあるときまでの動作の完了・結果、経験、継続を表す。

例 When the journalist went overseas, she realized that **having learned** several languages was beneficial.
（そのジャーナリストは、海外に行ったとき、いくつかの言語を学んだことは有益だったと実感した。）

4 目的語に不定詞をとる動詞と動名詞をとる動詞

▶ 目的語に不定詞をとる動詞

未来への意図や希望を表す場合が多い。decide「〜を決める」、hope「〜を望む」、want「〜が欲しい」、agree「〜することに同意する」、offer「〜を申し出る」、expect「〜を期待する」など。

例 The two nations **decided to enter** into an alliance.
（その２つの国は、同盟を結ぶことを決めた。）

▶ 目的語に動名詞をとる動詞

過去や現在の事象について表す場合が多い。finish「～を終える」、enjoy「～を楽しむ」、mind「～を気にする」、avoid「～を避ける」、admit「～を認める」、escape「～を免れる」など。

例 John has just **finished cleaning** the room and is about to go out.
（ジョンはちょうど部屋の掃除を終え、出かけようとしているところだ。）

▶ 目的語に不定詞と動名詞の両方をとる動詞

like（～が好きだ）、begin（～を始める）、continue（～を続ける）など。

例 Susan **likes to play [likes playing]** tennis on campus.
（スーザンはキャンパスでテニスをするのが好きだ。）

5 目的語に不定詞も動名詞もとるが意味が異なる動詞

同じ動詞でも、〈動詞＋不定詞〉の場合はまだ起こっていないことを表し、〈動詞＋動名詞〉の場合はすでに起こったことを表すものがある。remember「～を覚えている」、forget「～を忘れる」、regret「～を悔やむ」など。

例 I will **remember to call** my mother after school today.
（今日の放課後、母に電話をするのを覚えておく。）

I **remember calling** my mother very often after school.
（放課後に母によく電話をしたことを覚えている。）

6 動名詞を用いた慣用表現

▶ feel like ～ing「～したいような気がする」

例 I don't **feel like going** out today.（今日は出かける気がしない。）

▶ worth ～ing「～する価値がある」

例 Some essayists say the movie is **worth watching**.
（その映画は見る価値があると、何名かのエッセイストが言っている。）

▶ in ～ing「～しているときに」

例 **In choosing** books, you should not care too much about the price.
（本を選ぶとき、過度に価格にこだわるべきではない。）

▶ on ～ing「～するとすぐに」

例 **On hearing** the news, Tony ran out of the room.
（そのニュースを聞くとすぐに、トニーは部屋を飛び出した。）

そのほかに、there is no ～ing「～することはできない」、it is no use ～ing「～してもむだである」などがある。

6. 分詞

分詞には、現在分詞と過去分詞があり、動詞と形容詞の働きを持つ。

1 現在分詞と過去分詞

現在分詞は、動詞の原形に～ing をつける。動詞としては〈be＋現在分詞〉で進行形を表し、形容詞としては能動の意味「～する、～している」を表す。

例 The most **motivating** person in my childhood was my high school French teacher who told fantastic stories.
（子供のときに最も意欲を起こさせてくれた人は、すばらしい物語を聞かせてくれた高校のフランス語の先生だった。）

過去分詞は動詞の原形に～ed をつけて表すが、不規則に変化するものも多い。動詞としては〈be＋過去分詞〉で受動態、〈have [has]＋過去分詞〉で現在完了を表す。形容詞としては受動の意味「～される、～された」を表す。

例 The most **motivated** person in my French class was my best friend, who listened intently to everything the teacher had to say.
（フランス語のクラスで最も意欲を持っていた（←意欲を起こされていた）人は、私の親友で、先生が言うことすべてを熱心に聞いていた。）

2 名詞を修飾する分詞

分詞は名詞を修飾する。分詞が 1 語の場合は、修飾する名詞の前に置き、2 語以上の場合は、修飾する名詞の後に置くことが多い。

分詞が 1 語の場合

例 That **sleeping** student is actually the most intelligent person in the entire class.（あの寝ている学生は、実はクラス全体で最も聡明な人だ。）

分詞が 2 語以上の場合

例 That student **sleeping in class** is very likely to fail the course, regardless of how intelligent he is.
（授業中に寝ているあの学生は、いかに聡明であっても、その科目を落としそうである。）

3 補語として用いられる分詞

分詞は動詞の後の補語として用いられ、主語や目的語の状態を表す。

例 I kept **waiting** for my brother at the station.
（私は駅で兄［弟］を待った。）

I kept my brother **waiting** for me at the station.
（私は兄［弟］を駅で待たせた。）

4 have/get＋目的語＋過去分詞

使役動詞 have/get を用いて「…を～させる［～してもらう、される］」という使役・受動を表す。

例 My father **had** his car **washed** at the gas station.
（父はガソリンスタンドで車を洗ってもらった。）

5 知覚動詞＋目的語＋現在分詞/過去分詞

例えば see であれば、〈知覚動詞 see＋目的語〉の後が現在分詞の場合は、「…が～しているのを見る」、過去分詞の場合は、「…が～されるのを見る」という意味を表す。

例 I **saw** my mother **walking** along the river.
（私は母が川沿いを歩いているのを見た。）

6 分詞構文

分詞構文とは、分詞を使って節を句の形に短くしたものである。現在分詞は能動的な意味、過去分詞は受動的な意味を表す。分詞構文は、理由、時、付帯状況、条件、譲歩などを表すが、どれにあたるかはあいまいであることも少なくない。

例 **Having** little money, I cannot buy this suit. **(理由)**
（お金がほとんどないので、私はこのスーツを買えない。）

Seeing me, the boy ran away. **(時)**
（私を見るなり、その少年は走っていった。）

▶ 独立分詞構文

分詞の主語が文の主語と異なる場合、分詞の前に主語を置く。

例 All things **considered**, the students decided to go to a movie.
（すべてのことを考えて、学生たちは映画を見に行くことを決めた。）
文の主語は students だが分詞の主語は all things。

付帯状況を表す独立分詞構文〈with＋名詞＋分詞〉もある。

例 My grandfather was in bed **with** his eyes **closed**.
（祖父は目を閉じてベッドに寝ていた。）

7. 比較

いくつかのものを比べる表現は、形容詞・副詞の原級、比較級、最上級という３種類の形を使って作られる。

1 形容詞・副詞の比較級、最上級の種類

①規則変化～er, ～est 型

１音節の語（発音する母音の数が１つの語）、一部の２音節の語の比較級、最上級は、それぞれ～er, ～est をつける。例 fast － fast**er** － fast**est**

②規則変化 more ～, most ～型

多くの２音節の語、３音節以上の語、語尾が～ly の副詞の比較級、最上級は、それぞれ more, most をつける。例 beautiful － **more** beautiful － **most** beautiful

③主な不規則変化

原級	比較級（より～）	最上級（最も～）
good, well	better	best
bad, badly, ill	worse	worst
many, much	more	most
little	less	least

2 原級を使った比較表現

▶ as ＋原級＋ as ～「～と同じくらい…だ」

例 Considering waiting times and the distance from the airport to the city center, I believe traveling by train is often just **as fast as** traveling by airplane.（待ち時間と空港から市の中心部への距離を考えると、列車で行くことは、しばしば飛行機で行くのと同じくらい速いと思う。）

▶ 倍数＋ as ＋原級＋ as ～「～のＸ倍…だ」

例 In terms of population, Nagoya is more than **twice as large as** Sendai, the most populous city in Tohoku.
（人口に関しては、名古屋は東北の最も人口の多い都市である仙台の２倍を超える。）
「3 倍」は three times as ... as ～、「半分」は half as ... as ～。

▶ not as ＋原級＋ as ～「～ほど…ではない」

例 The music of Johannes Brahms, though quite innovative in its time, is

not as often performed today **as** the music of Ludwig van Beethoven.
（ヨハネス・ブラームスの音楽は、その時代にはかなり革新的であったが、今日ではルートヴィヒ・ヴァン・ベートーヴェンの音楽ほど頻繁に演奏されることはない。）

3 比較級を使った比較表現

▶ 比較級＋than ～「～より…だ」

例 This library has **more books than** the university library.
（この図書館は、大学図書館より蔵書が多い。）

▶ 比較級＋than any other＋単数形の名詞「ほかのどの～より…だ」
形は比較級だが、最上級の意味を表す。

例 This library has **more books than any other library** in Japan.
＝ No (other) library in Japan has more books than this library.
（この図書館は、日本のほかのどの図書館より蔵書が多い。）

▶ the＋比較級 ～, the＋比較級 ...「～すればするほど…だ」

例 **The more** information I got, **the more** confused I became.
（情報を得れば得るほど私は混乱した。）

▶ 強調や程度を表す語句＋比較級
比較級を強めたりその程度を表したりする語句として、much, far, by far は「はるかに」、even は「さらに」、somewhat, rather は「やや」を表す。最上級を強調する語として、by far, very, much などがある。
また、どれくらい差があるかを表すには、by を用いる（例 deeper by five meters）か、差をそのまま形容詞や副詞の前に挿入する（例 five meters deeper）。

4 最上級を使った比較表現

▶ 最上級＋in/of ～「～の中で最も…だ」
in の後には比較対象のある場所や範囲など、of の後にはすべての比較対象を指す語句が来る。

例 The sea around here is **the most beautiful in** the world.
（このあたりの海は、世界で最も美しい。）

▶ one of the＋最上級＋複数形の名詞「最も…なものの１つ」

例 This is **one of the most popular books** among young people.
（これは若者の間で最も人気のある本の１冊だ。）

8. 関係詞

関係詞とは、名詞や代名詞と、その後に続く〈主語＋動詞〉をつなぐ働きをするものである。

1 関係代名詞

関係詞には**関係代名詞**と**関係副詞**があり、関係代名詞は代名詞と接続詞の働きを持つ。

例 I have some friends, and they live in Hokkaido.

↓ 接続詞 and と代名詞 they の代わりに関係代名詞 who を用いる。

先行詞　関係代名詞

I have some friends **who** live in Hokkaido.

（私には北海道に住んでいる友人が何人かいる。）

先行詞（関係代名詞が導く節に修飾される名詞・代名詞）が何か、また関係代名詞が節においてどのような働きをしているかによって、どの関係代名詞を使うかが決まる。

先行詞	主格	所有格	目的格
人	who	whose	whom (who)
人以外	which	whose	which
人・人以外の両方	that	—	that
なし （関係詞が先行詞を含んでいる）	what	—	what

例 Heaven helps those **who** help themselves.（天は自ら助くる者を助く。）

In its annual report, Human Rights Watch condemns those countries **which** do not protect the basic human rights of their citizens.

（ヒューマン・ライツ・ウォッチは、市民の基本的人権を守らない国々を年次報告書で非難している。）

Investors were not at all surprised at **what** they experienced when the nation's largest automobile manufacturer declared bankruptcy.

（投資家たちは、国内最大の自動車メーカーが破産を発表したときに自らが経験したことについて、まったく驚きを示さなかった。）

▶ 関係代名詞の省略

目的格の関係代名詞は省略されることが多い。

例 Radio telescopes have allowed astronomers to discover distant objects in

space (**that/which**) they were previously unable to detect.
（電波望遠鏡によって天文学者は、以前は見つけることができなかった、宇宙の遠く離れたところにあるものを発見できるようになった。）

▶ 前置詞＋関係代名詞
関係詞節の中の〈動詞＋前置詞〉の目的語が先行詞であるとき、改まった言い方では前置詞は関係代名詞の前に置く（改まっていない言い方では前置詞を末尾に置くことが多い）。

例 The city newsletter is the news source, **and** we often depend **on it**.
→ The city newsletter is the news source **on which** we often depend.
= ... source (**which/that**) we often depend **on**.
（市の広報は、私たちがしばしば頼るニュース源だ。）

2 関係副詞

関係副詞は、副詞と接続詞の働きを持つ。

例 I know a restaurant, and we can have great pizza there.
↓ 接続詞 and と副詞 there の代わりに関係副詞 where を用いる。

先行詞 関係副詞
I know a restaurant **where** we can have great pizza.

（私はすばらしいピザを食べられるレストランを知っている。）

先行詞	場所を示す語	時を表す語	reason	なし*
関係副詞	where	when	why	how

*the way を how と同じように用いることができる。

例 Many footwear makers manufacture shoes in developing countries **where** wages are low.
（はき物メーカーの多くは、賃金の低い発展途上国で靴を製造している。）
Dorothy Crowfoot Hodgkin's prominence as a scientist was established in 1964, **when** she received the Nobel Prize for Chemistry.
（ドロシー・クロウフット・ホジキンの科学者としての名声は、彼女がノーベル化学賞を受賞した1964年に確立された。）

3 関係詞の制限用法と非制限用法

①制限用法

先行詞は不特定の人やものであることが多く、関係詞以下の内容説明により限定される。関係詞の前にコンマを置かない。

②非制限用法

先行詞は特定の人やもので、関係詞以下でそれに関する補足的な説明をする用法。関係詞の前にコンマを置く。that を使うことはできない。
以下２例のうち１つ目は、先行詞は teacher という不特定のもので、who 以降でどのような teacher か説明している。２つ目は、先行詞は Ms. Suzuki という特定の人物で、コンマと関係詞以下でその補足説明をしている。

例 She is the teacher **who** taught me the importance of reading.
（彼女は読むことの重要性を私に教えてくれた先生だ。）**(制限用法)**
She is Ms. Suzuki**, who** taught me the importance of reading.
（彼女は鈴木先生だが、彼女は読むことの重要性を私に教えてくれた。）**(非制限用法)**

▶〈コンマ＋which〉でコンマ前の節全体を先行詞とする場合

例 Ms. Suzuki taught me some English songs**, which** is a good memory of my high school days.
（鈴木先生はいくつかの英語の歌を教えてくれたが、そのことは私の高校生活のよき思い出だ。）

4 複合関係詞

複合関係詞には、複合関係代名詞 whoever, whichever, whatever などと、複合関係副詞 whenever, wherever などがある。
複合関係代名詞は「～する人は誰でも」「～するものはどれ / 何でも」などとして名詞節を導いたり、「誰 / どれ / 何が～しようとも」などとして譲歩の副詞節を導いたりする。
複合関係副詞は「いつ / どこで～しようとも」などとして譲歩の副詞節を導いたり、「～するときはいつでも」「～するところはどこでも」などとして接続詞の役割を果たしたりする。

例 In some municipalities, a hospital must treat **whoever** requires emergency treatment, regardless of whether that person has health insurance or not.
（いくつかの地方自治体では、健康保険加入の有無にかかわらず、緊急処置を必要とする人は誰でも病院が手当てをしなければならない。）
Immigration law requires that all non-citizens must inform the authorities **whenever** they move from one residence to another.
（市民権を持たない住民は、あるところからほかへ転居する度に当局に通知するよう、入国管理法が義務づけている。）

9. 名詞・代名詞

名詞は人、物、事象の名を表す語、代名詞は名詞の代わりをする語である。

1 名詞の数

①可算名詞 数えられる名詞。例 student, week

②不可算名詞 数えられない名詞。例 water, peace
不可算名詞の量を具体的に表すには、形を表す方法（a bar of soap）、容器を表す方法（a glass of milk）、単位を用いる方法（a kilo of bacon）がある。なお、同じ単語でも意味によって可算名詞になったり不可算名詞になったりすることがある。

例 I like **chicken** better than beef.（私は牛肉より鶏肉が好きだ。）**（不可算名詞）**
Don't count your **chickens** before they are hatched.
（かえる前にひなを数えるな。[取らぬタヌキの皮算用。]）**（可算名詞）**

2 代名詞の種類

①人称代名詞 話し手、聞き手、それ以外の人、物、事を表す代名詞。
例 I, he（主格）、your, their（所有格）、us, them（目的格）

②指示代名詞
目の前にあるものや前後に述べられた内容を指す代名詞。例 this, those

③不定代名詞 不特定の人、物、事を表す代名詞。例 one, some, all, both

④その他 疑問を表す疑問代名詞（who, what など）、関係代名詞がある。

3 名詞句・名詞節

2語以上が結びついて、それ全体が名詞のような働きをすることがある。〈主語＋動詞〉を含まないものを**名詞句**、含むものを**名詞節**という。

例 Freedom from fear should be **one of the fundamental human rights** guaranteed by any society. **（名詞句）**
（恐怖からの解放は、あらゆる社会において保証されている基本的人権の1つであるべきだ。）
A progressive taxation system means **that the more you earn, the higher percentage of your income you must pay in taxes**. **（名詞節）**
（累進課税制度とは、所得を得れば得るほど、所得のより高い割合を納税しなければならないことを意味する。）

10. 形容詞・副詞

形容詞は、名詞・代名詞を修飾する語である。副詞は、動詞、形容詞、副詞、文全体を修飾する語である。

1 形容詞の用法

①名詞を修飾する用法

例 Atlanta is considered to be the **social**, **economic**, and **cultural** capital of the Southern United States.

（アトランタは、アメリカ南部の社会的、経済的、文化的な中心だと考えられている。）

②補語となる用法

例 These issues are so **complex** that we should discuss them from multiple perspectives.

（これらの問題はとても複雑なので、複数の観点から議論すべきだ。）

2 副詞の用法

時、場所、様態、程度などを表す。

例 I could **hardly** hear the lecturer due to the construction noise.

（工事の騒音のため、私は講師の話をほとんど聞き取れなかった。）

3 形容詞句・形容詞節

2語以上が結びついて、それ全体が形容詞のような働きをすることがある。〈主語＋動詞〉を含まないものを**形容詞句**、含むものを**形容詞節**という。

例 The university thinks that the curriculum revision is a matter **of importance**.（**形容詞句**）

The university thinks that the curriculum revision is a matter **which is important**.（**形容詞節**）

（大学は、カリキュラム改革が重要事項であると考えている。）

4 副詞句・副詞節

2語以上が結びついて、それ全体が副詞のような働きをすることがある。〈主語＋動詞〉を含まないものを**副詞句**、含むものを**副詞節**という。

副詞句の最初には通常、不定詞、分詞、〈前置詞＋名詞〉が来る。副詞節の最初には通常、従位接続詞（if, when, because, though, as など）、複合関係詞（whatever, whenever, wherever など）が来る。

以下はいずれも副詞節の例。

例 **Even though the fugue stems from the 13th century**, Johann Sebastian Bach is usually given credit for popularizing it as a musical form.
（フーガは 13 世紀に由来するが、ヨハン・セバスチャン・バッハがそれを音楽の形式として広めたと通常認識されている。）

Whenever they work together, they learn from each other and have a good time.
（彼らが一緒に働くときはいつでも、彼らは互いに学び合い楽しいときを過ごしている。）

5 倒置

not until, no sooner, hardly, never などの否定語句や、only などの否定に近い語句が文頭にある場合、強調のため倒置文となり、主語の前に助動詞や be 動詞が来る。

例 **Not until** yesterday **did** I realize how kind he had always been.
（昨日になって初めて、彼がいつもどれだけ親切だったかわかった。）

No sooner had I entered the room than the phone rang.
（私が部屋に入るとすぐに電話が鳴った。）

また倒置は、補語や場所・方向を表す副詞・副詞句が文頭にあり強調される場合や、条件節の if が省略される場合などにも起こる。

例 On the top of the mountain **stands** a new hut.
（山頂に新しい山小屋が立っている。）

Had I **left** home earlier, I could have taken the bus.
（家をもっと早く出ていたら、バスに乗れたのに。）

6 形容詞と副詞を持つ語

early「早い、早く」、enough「十分な、十分に」、far「遠い、遠くへ」、fast「速い、速く」、last「最後の、最後に」、long「長い、長く」、well「よい、よく」、yearly「毎年の、毎年」など。
pretty（形容詞では「かわいい」、副詞では「かなり」の意味）のように、品詞により意味が異なる語もあるので注意。

11. 助動詞

助動詞にはさまざまなものがあり、〈助動詞＋動詞の原形〉の形で、可能性、推量、義務、許可など多様な意味を表す。

1 助動詞の用法

① will
主な意味は「～だろう」「～のつもりだ」、疑問文で「～してくれますか」、否定文で「～しようとしない」など。

② would
will の過去形で、時制の一致などで will が would になることがあるほか、過去のことについて「よく～したものだ」を表す。仮定法（後述）およびそれに由来する用法では、「～だろうに」「～するのだが」、疑問文で「～していただけますか」など。

③ can
主な意味は「～できる」「～でありうる」「～してよい」、疑問文で「～してくれますか」「～してもよいですか」など。

④ could
can の過去形で、時制の一致などで can が could になることがある。仮定法およびそれに由来する用法では、「（もし）～できれば（よいのに）」「～できるだろう（に）」「～かもしれない」、疑問文で「～していただけますか」「～してもよいですか」、否定文で「～のはずがない」など。

⑤ may
主な意味は「～してよい」「～かもしれない」。慣用表現として may/might as well ～「（強い希望があるわけではないがどうせなら）～した方がよい」。

⑥ might
may の過去形で、時制の一致などで may が might になることがあるほか、仮定法およびそれに由来する用法では、may 同様に、「～してよい」「～かもしれない」など。

⑦ must
主な意味は「～しなければならない」「～に違いない」、否定文で「～してはならない」。

⑧ should
主な意味は「～すべきである」「～のはずである」。should は suggest, advise, propose, recommend などの動詞に続く節に用いられることがあるが、主に米では省略されることが多い（仮定法現在）。

2 助動詞＋have＋過去分詞

過去の事柄についての推量、後悔などを表す。

例 Native Americans in the early 17th century **must have been** surprised to encounter people from Europe for the first time.
（17 世紀初頭のアメリカ先住民は、ヨーロッパから来た人々に最初に出会ったとき驚いたに違いない。）

The Native Americans who sold the island of Manhattan **should not have accepted** such a paltry sum for their land.
（マンハッタン島を売却したアメリカ先住民は、彼らの土地に対するわずかな金額を受け入れるべきではなかった。）

3 仮定法過去

現在の実現しそうにないことを仮想したり実現困難な願望を表したりする用法。
〈If ＋主語＋動詞の過去形～, 主語＋助動詞の過去形＋動詞の原形 ...〉の形が基本。

例 If I **had** a lot of money, I **would travel** around the world.
（もし私がたくさんのお金を持っていれば、世界中を旅行するのに。）

4 仮定法過去完了

過去の実現しなかった願望、過去の事実と反対の想像を表す。
〈If ＋主語＋had ＋動詞の過去分詞～, 主語＋助動詞の過去形＋have ＋動詞の過去分詞 ...〉の形が基本。

例 If Mika **had not detected** the error, we **would have failed** in the project.
（もしミカが誤りを見つけなければ、私たちはプロジェクトに失敗していただろう。）

12. 前置詞・接続詞

前置詞は、名詞や代名詞、名詞の働きをする語句の前に置かれる語である。
接続詞は、語・句・節を結びつける語である。

1 前置詞の位置

前置詞は、原則的には目的語の前に置かれるが、次のような場合は目的語から離され後ろに置かれる。

①疑問詞が目的語の場合

例 What are you looking **at**? (あなたは何を見ているのですか。)

②関係詞節の場合

例 The doctor you are looking **for** is over there.
(あなたが探している医師はあそこにいる。)

③受動態の場合

例 The girl should especially be paid attention **to**.
(その少女は特に注意を払われなければならない。)

④不定詞の場合

例 I have many things to talk **about**. (私には話すことがたくさんある。)

2 群前置詞

2 語以上からなる語群で、1 つの前置詞と同じ働きをする。

① 2 語の群前置詞

according to ～ (～によると)、instead of ～ (～の代わりに)、but for ～ (もし～がなければ)、apart from ～ (～を別にすれば) など。

例 **According to** the census, the population of the country has increased.
(国勢調査によると、その国の人口は増加した。)

② 3 語以上の群前置詞

in addition to ～ (～に加えて)、in spite of ～ (～にもかかわらず)、with regard to ～ (～に関して)、by means of ～ (～によって) など。

例 **In addition to** allowing a person to hear, the inner ear's function is to provide a sense of balance.
(内耳の機能は、聞くことを可能にすることに加えて平衡感覚を与えることである。)

3 接続詞

等位接続詞（and, but, or, nor, for など）は、文法的に対等の関係にあるものを結びつける。従位接続詞（if, when, while, as, because, that など）は、従属節を主節に結びつける。

例 My sister speaks French fluently, **but** I don't.
（姉［妹］はフランス語を流ちょうに話すが、私はそうではない。）
If it rains tomorrow, we won't go on a picnic.
（もし明日雨なら、私たちはピクニックに行かないだろう。）

4 前置詞および接続詞として用いられる語

前置詞および接続詞としてどちらにも用いられる語 before, after, since, as, until, but, for などに注意する。前置詞の場合は、名詞や名詞に相当する語の前に置かれ、接続詞の場合は、主語と動詞を含む節を導く。

例 前置詞 / 接続詞
before 6 o'clock（6 時前に）/ **before** he wakes up（彼が目覚める前に）
until the end of this month（今月の終わりまで）/
until he comes back to Japan（彼が日本に帰ってくるまで）

5 前置詞と接続詞の混同に注意する必要のある語

during「〜の間」は前置詞、while「〜する間」は接続詞である。

例 He stayed in Sydney **during** summer vacation.
（彼は夏休みの間、シドニーに滞在した。）
He stayed in Sydney **while** he was in Australia.
（彼はオーストラリアにいる間、シドニーに滞在した。）

13. 冠詞

冠詞は名詞の前に置かれ、名詞を修飾する。不定冠詞 a, an と定冠詞 the がある。

1 不定冠詞

不定冠詞（a/an）は、数えられる名詞の単数形につく。初めて話に出てきた名詞を導入する場合、不特定の単数の名詞であることを示す場合、「1 つの」「ある」などを表す場合などに、不定冠詞が使われる。
a は最初の音が子音である語の前、an は最初の音が母音である語の前につく。

例 見た目は子音だが発音は母音の語
an hour, an MC（司会者 : Master of Ceremonies の略）
見た目は母音だが発音は子音の語
a union, a university

2 定冠詞

定冠詞（the）は、基本的には特定のものを表すために使われる。
前に話に出てきた名詞について述べる場合、前後の関係から何であるかが明らかな名詞を示す場合、「唯一のもの」を表す場合、形容詞や分詞について「～の人々」を表す場合などに、定冠詞が使われる。

例 The taste of **a** good meal is one of **the** most pleasant sensory experiences.
（おいしい食べ物を味わうことは、最も楽しい感覚的体験の 1 つだ。）

▶ 定冠詞＋単数普通名詞
動植物などのある種類全体を表す。

例 Historians agree that **the** dog was almost certainly the first animal to be domesticated.
（犬はほぼ確実に飼い慣らされた最初の動物であったということに、歴史家は同意している。）

▶ 定冠詞＋形容詞または分詞
「～の人々」を表す。

例 There were **the** young and **the** old in the auditorium.
（講堂には若者も高齢者もいた。）

▶ 定冠詞＋体の部分

例 I caught the girl by **the** arm.（私は少女の腕をつかんで捕まえた。）

CHAPTER 2
攻略のポイント＋練習問題

Lesson 1

Structure

主語と動詞

▼学習ポイント

英文の骨格となる「主語」と「動詞」を見つける！

例題

According to some historians, American social trends ------- in 30-year cycles of liberalism and conservatism.

(A) run　(B) does run　(C) running　(D) they run

ここをおさえる！

文には、原則的に「主語」と「述語動詞」が含まれる。
問題文を見たら、まずは主語と述語動詞があるかどうかをチェックする。
それが見当たらなければ、空所に主語や述語動詞が入ることがわかる。

試験では？

- まず問題文の主語を見つける。どの部分（名詞など）が主語であるかに注目する。
- 次にそれに対応する述語動詞を見つける。
- 見当たらなければ、空所に主語や述語動詞が入ることがわかる。動詞の形に注意して、適切な選択肢を選ぶ。
- 関係代名詞や if, when などを伴う節がある場合は、基本的にはその中にも主語と動詞があるはずなので、その節の主語と動詞も見つける（この例題では該当しない）。見当たらなければ、空所に入るはずなので、主語、動詞を選択肢から選ぶ。

基本をおさらい

➡文と節については p. 16「文・動詞」

ここに注目!

↓「～によれば」は、文の主語と述語動詞ではない　↓これが主部！

According to some historians, American social trends -------
in 30-year cycles of liberalism and conservatism.

↑「～周期で」は、文の主語と述語動詞ではない

よって、この中に述語動詞が入るはず！

訳

一部の歴史家の言うところによれば、アメリカ社会の傾向は30年周期で自由主義と保守主義の間を動いている。

解説

主部はAmerican social trendsで文中にあるが、述語動詞は見当たらないので、空所にそれを入れる必要がある。主語は複数形trendsなので、動詞として**(A)** runを空所に入れるのが正解。

(B) 強調のため動詞の前にdo/does/didをつけることはある。ここでは主語が複数なので、do runであれば文法的には正しいが、does runなので不正解。

(C) はrunningだけでは述語動詞にならないので不正解。

(D) は主語が文中にあるので主語theyを含むthey runは不正解。

語句

liberalism「自由主義」　conservatism「保守主義」

解答　**(A)**

練習問題

空所を埋めるのに最も適した選択肢を選びましょう。

1. ------- of a nucleus and at least one electron.

(A) Atoms consisting
(B) Atoms consist
(C) Atoms they consist
(D) Atoms which consist

2. ------- actually not classified as a tree but a grass.

(A) The bamboo
(B) The bamboo it is
(C) The bamboo is
(D) The bamboo being

3. The writings of Noah Porter, ------- from 1871 to 1886, clearly reflected his Puritan ancestry.

(A) as president of Yale he served
(B) served as Yale's president
(C) he served as the president of Yale
(D) who served as the president of Yale

4. The python is often mistakenly confused with the boa constrictor, though -------.

(A) their different skulls anatomically
(B) anatomically their skulls are different
(C) anatomically they are different skulls
(D) their skulls anatomically different

5. Equal pay for equal work ------- a standard which the women's movement has attempted to enact into law.

(A) is being

(B) it is

(C) is

(D) which is

6. Frederick Douglass, a leading 19th-century abolitionist and founder of the newspaper *The North Star*, ------- in Maryland.

(A) a slave was originally born

(B) originally a slave born

(C) he was born originally a slave

(D) was originally born a slave

7. When ------- in 1947, it ranked with the vacuum tube as one of the great inventions in electronics.

(A) first invented the transistor

(B) the first invention of the transistor

(C) the transistor was first invented

(D) the transistor's first invention

解答と解説

語句

1. 解答 (B)

訳 原子は、原子核と少なくとも1つの電子から構成されている。

解説 問題文には主語と述語動詞がない。空所の後の名詞句は動詞（句動詞）の目的語であり、空所には主語と述語動詞が必要。主語はAtoms、動詞はconsistとなる**(B)**が正解。**(A)**のconsistingという形では文の述語動詞にならないので不正解。**(C)**は名詞Atomsの後に不要な代名詞theyがある。**(D)**の関係代名詞whichの後のconsistは関係詞節の動詞になるので文全体の述語動詞にならない。

atom「原子」
consist of ～
「～で構成される、～から成る」
nucleus「原子核」
electron「電子」

2. 解答 (C)

訳 竹は、実際には樹木ではなく草として分類される。

解説 主語はbambooなので、動詞classifyは「分類する」という能動態ではなく「分類される」という受動態にする必要がある。よってis classifiedとなる**(C)**が正解。**(A)**はbe動詞がなく受動態になっていない。**(B)**はThe bambooの後の代名詞itは不要。**(D)**のbeingは述語動詞にならない。

classify
「～を分類する」

3. 解答 (D)

訳 ノア・ポーターは、1871年から1886年までエール大学の学長を務めたが、彼の著作はピューリタンの家系を明らかに反映していた。

解説 空所から1886までのコンマで挟まれた部分は、それがなくても文が成り立つことから、Noah Porterの説明として挿入されていることがわかる。関係代名詞で始め、それを受ける動詞servedが続く**(D)**が正解。**(B)**はservedの前に関係代名詞whoが必要。**(A)**と**(C)**はNoah Porterを説明する節でありながら関係詞や接続詞など適切にほかとつながるための要素がなく、不正解。

reflect
「～を反映する」
Puritan
「清教徒（の）、ピューリタン（の）」
ancestry
「家系、祖先」

4. 解答 (B)

訳 解剖学的に頭蓋骨は異なっているにもかかわらず、ニシキヘビは、しばしばボアと誤って混同される。

解説 空所は接続詞thoughに導かれた節で、主語と動詞が必要である。主語skulls、動詞areを使った**(B)**が正解。**(A)**と**(D)**は動詞がない。**(C)**は主語と動詞はあるが、「ニシキヘビとボアは異なる頭蓋骨だ」という意味になり、ヘビ＝頭蓋骨の扱いなので正しくない。

python「ニシキヘビ」
boa constrictor
「ボア〈大型ヘビの一種〉」
anatomically
「解剖学的に」
skull「頭蓋骨」

5. 解答 (C)

訳 同一労働同一賃金という考えは、女性運動が法に定めようと試みてきた規範である。

解説 文頭の Equal pay for equal work が主部で、空所の後は名詞 standard、which 以下はすべて standard を修飾しているので、文の述語動詞がなく、空所に入るとわかる。文脈から「である」を表す現在形 is を使うことになり、**(C)** が正解。**(A)** は be 動詞の進行形 is being が一時的な状態を示す表現なので不正解。**(B)** は名詞句の後の代名詞 it が不要。**(D)** は関係代名詞 which の後の be 動詞 is では文の述語動詞にならない。

attempt
「～を試みる」
enact
「（法律）を制定する」

6. 解答 (D)

訳 フレデリック・ダグラスは、19 世紀の主要な奴隷制度廃止論者で、『ザ・ノース・スター』紙の創刊者でもあるが、もともとメリーランドで奴隷として生まれた。

解説 主語は文頭の Frederick Douglass。その後のコンマで挟まれた部分は主語を説明する同格の句であり、省いて考える。述語動詞 was がコンマ直後に続く **(D)** が正解。〈be born + 補語〉は「～として生まれる、～の状態で生まれる」で、ここでは補語の部分が a slave。**(A)**、**(B)**、**(C)** いずれもこの形になっておらず文法的に不適切。

abolitionist
「（奴隷制度）廃止論者」
founder「創設者」

7. 解答 (C)

訳 トランジスターは 1947 年に最初に発明されたとき、真空管と並んで、電子工学の偉大な発明品の 1 つとして位置づけられた。

解説 when を伴う節には、基本的に主語と動詞が必要である（主語が主節と同じで動詞が be 動詞のときには、主語と動詞が省略されることはある）。主語 transistor、動詞 was invented を用いた **(C)** が正解。**(A)** は〈動詞 invented + 目的語 transistor〉はあるが、それらに対応する主語がない。**(B)** および **(D)** は動詞がない。

invent
「～を発明する」
vacuum tube
「真空管」
electronics
「電子工学」

※語句欄では、覚えておきたい語句を太字、専門用語など重要性のやや低い語句を細字で示しています。

Lesson 2 関係詞

▼学習ポイント

「関係詞の前後」に注意して、関係詞節の主語・動詞を見抜く！

例題

The United States cut diplomatic relations with Cuba at the beginning of 1961, ------- a period of isolation for that island nation.

(A) which ushered in　　(B) when ushered in
(C) ushered in when　　(D) whose ushered

ここをおさえる!

関係詞である関係代名詞 who, whose, whom, which, that, what と関係副詞 where, when, why, how の使い方を確認する。
選択肢の中に関係詞を見つけたら、<u>関係詞の前後</u>（前の先行詞と後ろの関係詞節）に注意して、関係詞節の主語・動詞を見つける。

試験では？

- 選択肢から考えて関係詞節を用いると判断した場合、まず関係詞を伴う節が説明する名詞（先行詞）または節を見つける。
- 関係詞の後ろに主語と動詞があるか確認する。関係代名詞が主格の who, which, that や what なら、それ自体が主語になるので、後ろには動詞だけがある。それ以外の関係詞なら、後ろには主語と動詞がある。
- 関係詞節の主語と動詞を確認した上で正しい選択肢を選ぶ。
- 複数の選択肢に関係詞があるからと言って、関係詞節を含む選択肢が正解とは限らない点に注意する。

基本をおさらい

➡関係詞については p. 30「関係詞」

ここに注目!

↓空所の前で節が完結。コンマが使われている

... at the beginning of 1961, ------- a period of isolation ...

よって、ここには前の名詞または節と後半をつなぐ〈関係詞＋動詞〉が入るはず！

↑空所の後ろは名詞で、近くに動詞がない

また、選択肢から関係詞が入るとわかる

訳

アメリカは1961年の初めにキューバとの外交関係を断絶したが、そのことは島国であるキューバにとって孤立の時代の始まりを告げた。

解説

文の前半には主語と述語動詞があり、コンマの前まででいったん節が完結している。選択肢から判断して、空所には、前の名詞または節と後半部分をつなぐ主格の関係代名詞と動詞が必要である。ここでは、関係詞は空所前の「アメリカは1961年の初めにキューバとの外交関係を断絶した」こと全体を受けている。形の上では空所直前の名詞1961も先行詞になりうるが、「1961年は～の始まりを告げた」では文の意味が不自然になる。

コンマで区切られた空所前の節と空所後の部分を主格の関係代名詞whichでつなぎ、その次に動詞usheredが来る**(A)**が正解。

(B) whenの後には基本的に主語と動詞が必要で、主語がないので不正解。主語が主節と同じで動詞がbe動詞のときには、主語と動詞が省略されることはあるが、ここでは意味的に当てはまらない。

(C) はwhenの後に動詞がなく意味のつながりもおかしいので不正解。

(D) は所有格の関係代名詞whoseの直後に名詞がないので不正解。

語句

usher in ～「～の始まりを告げる、～を中に案内する」　isolation「孤立」

解答 **(A)**

練習問題

空所を埋めるのに最も適した選択肢を選びましょう。

1. As most of the province is too rugged or -------, Nova Scotia is able to devote less than five percent of its total land area to agriculture.

(A) has soils which are too thin or infertile

(B) too thin or infertile soils

(C) soils are too thin or infertile

(D) which has too thin or infertile soils

2. Thomas "Stonewall" Jackson was ------- the Confederate brigade that held off the Union Army attack in the Battle of Bull Run.

(A) whom the army officer led

(B) who the army officer led

(C) the army officer who led

(D) the army officer whose

3. By counting the white blood cells, medical technicians can estimate the degree -------.

(A) a disease which the body is resisting

(B) which is the body resisting a disease

(C) to which the body is resisting a disease

(D) by which a body resists a disease

4. The metallic element tin has ten naturally occurring isotopes, -------.

(A) it is more than any element

(B) more than any other element

(C) which more than any other element

(D) of which any element has more than

5. The variegated corn ------- during Thanksgiving is called Indian corn.
(A) which American tables decorates
(B) decoration American tables
(C) it decorates American tables
(D) that decorates American tables

6. Cloud forms are usually classified according to -------.
(A) the ground from their appearance
(B) which appearance from the ground
(C) which they appear from the ground
(D) their appearance from the ground

7. Menopause, ------- a woman's reproductive life, is genetically determined, though good nutrition and health habits can delay its onset.
(A) its signaling the end of
(B) it signals the end of
(C) which signals the end of
(D) signaling of which it ends

解答と解説

1. 解答 (A)

訳 ノバスコシア州は、州の大半があまりにも起伏が多いか、土地が非常にやせているか不毛なので、総面積の5%も農業にあてられない。

解説 Asから空所までの従属節の主語・動詞を探すと、主語はprovince、動詞はisとわかる。orに注目して、それが「何または何」を表しているのか考えると、isのほかにもう1つの動詞hasが入り、is too rugged or has soilsとなる**(A)**が正解。which以下はsoilsを説明する関係詞節で、主語はwhich、動詞はare。**(B)**は述語動詞がisのみで〈too rugged or too＋形容詞〉であれば可能だが、名詞soilsが余分。**(C)**はもう1つの主語soilsがあるが、its soilsとするなどして主語との関係性を明確にする必要がある。**(D)**はwhichが不要。

語句
province「(カナダなどの) 州」
rugged「起伏の多い、でこぼこの」
infertile「不毛な」
devote「～をあてる、ささげる」

2. 解答 (C)

訳 トマス・"ストーンウォール"・ジャクソンは、ブルランの戦いで北軍の攻撃を防いだ南軍部隊を率いた将校だった。

解説 述語動詞wasの後の空所には、名詞とそれを説明する関係詞節の一部が入る。〈先行詞となる名詞the army officer＋主格の関係代名詞who＋動詞led〉の順で入れる必要がある。よって**(C)**が正解。**(A)**および**(B)**は関係代名詞の前に先行詞がない。**(D)**は所有格の関係代名詞whoseが修飾する名詞が後にない。

Confederate「米国南部連合の」
brigade「旅団、大部隊」
hold off ～「～を防ぐ」
the Union Army「北軍」

3. 解答 (C)

訳 白血球の数を数えることにより、医療技術者は病気に対する体の抵抗力の度合を推定することができる。

解説 degreeの後の空所には、選択肢から判断して、その「度合」を説明する関係詞節が入ることがわかる。度合を表すにはto what degree「どの程度」のように前置詞toを使う。よって、〈to＋関係代名詞which〉で始まり、節の主語をbody、動詞をis resistingとしている**(C)**が正解。**(A)**はdegreeの直後にa diseaseが来ることになりつながらないので不正解。**(B)**は前置詞toがなく、語順もおかしいため、「度合は体である」という意味になってしまう。**(D)**は前置詞toではなくbyを用いている。

estimate「～を推定する、評価する」
disease「病気」

4. 解答 (B)

訳 金属元素のスズは、ほかのどの元素よりも多い10の天然同位体を持つ。

解説 すべての選択肢にelement「元素」があることから、空所は

element「元素」
isotope「同位体」

element を説明している部分だと考える。「ほかのどの元素よりも多い」という意味になる **(B)** が正解。**(A)** は isotopes の直後に、接続詞や関係詞なしに別の節が続いているので不正解。**(C)** は which 以下の節に動詞がない。**(D)** は of which とそれ以降がつながらない。複数の選択肢に関係詞があるからと言って、関係詞節を含む選択肢が正解とは限らないので注意。

5. 解答 (D)

訳 感謝祭のときにアメリカのテーブルを飾るまだら模様のコーンは、インディアンコーンと呼ばれる。

解説 文の主語は corn、述語動詞は is called で、空所には corn を説明する節が入る。〈主格の関係代名詞 that＋動詞 decorates＋目的語 American tables〉で「アメリカのテーブルを飾るコーン」を意味する **(D)** が正解。**(A)** は複数形の tables に対して decorates となっており、また意味も「アメリカのテーブルが飾る」とおかしい。**(B)** は corn の後が〈名詞 decoration＋形容詞 American＋名詞 tables〉の語順でつながらない。**(C)** は corn の直後に代名詞が来ているので不正解。

variegated「まだら模様の」

6. 解答 (D)

訳 雲の形は、通常地上から見た姿によって分類される。

解説 according to の後は名詞または名詞句が来る。文脈から「地上から見た姿によって」を表す **(D)** が正解。**(A)** は「姿からの地上によって」という意味になるので不正解。**(B)**、**(C)** は which の使い方が不適切。

7. 解答 (C)

訳 更年期は、女性の生殖可能期間の終わりを知らせるもので、良好な栄養や健康上の習慣でその始まりを遅らせることができるが、遺伝的にはすでに定まっているものである。

解説 文の主語は Menopause、述語動詞は is determined で、コンマで挟まれている部分は menopause を修飾する節である。menopause の後に〈主格の関係代名詞 which＋動詞 signals〉が続く **(C)** が正解。**(A)** は its があることで signaling が動名詞になり文法的におかしいが、its を除いて現在分詞 signaling を用いれば文法的に可となる。**(B)** は menopause の後に接続詞や関係詞など適切な語がなく it で始まる節になっているので不正解。**(D)** は signaling の後に of which があるが、文法的にも意味的にも後ろとつながらない。

menopause「更年期」
reproductive「生殖の」
genetically「遺伝的に」
nutrition「栄養」
onset「始まり」

Lesson 3

挿入句・挿入節

▼学習ポイント

挿入された部分では「接続詞/関係詞＋主語＋動詞」かどうかまず確認！

例題

Raccoons, ------- their food in water, do not actually wash it.

(A) they may dip
(B) they dip
(C) although they may dip
(D) they may although dip

ここをおさえる!

文全体の主語と述語動詞、節があればその主語と動詞を確認する。
挿入句・節の組み立てを見抜き、挿入節の場合、「接続詞/関係詞＋主語＋動詞」であるかチェックする。

試験では？

- まず文全体の主語と述語動詞を見つける。
- 文の構成が、「主語＋コンマ＋空所を含む挿入句・節＋コンマ＋動詞」か確認する。
- 挿入句・節の構成を確認する。節である可能性がある場合（〈主語＋動詞〉の組み合わせがありそうな場合）、その主語と動詞を見つける。「接続詞/関係詞＋主語＋動詞」のパターンが多いので、節の最初に接続詞や関係代名詞などが使われているかチェックする。
  挿入句は、主語と同格、つまり主語を別の言葉に言い換えていることが多い。
- 以上の点に注意して、正しい選択肢を選ぶ。

ここに注目!

↓1つ目のコンマの前が主語　↓2つ目のコンマの後が述語動詞

Raccoons, ------- their food in water, do not actually wash it.

↓選択肢は主語、動詞、接続詞の組み合わせ

よって、ここは主語を説明する挿入節であり、選択肢から判断して〈接続詞＋主語＋動詞〉が入るはず！

(A) they may dip
(B) they dip
(C) although they may dip
(D) they may although dip

訳

アライグマは、食べ物を水につけることがあるが、実際に洗ってはいない。

解説

文の主語は Raccoons、述語動詞は do not wash であり、空所を含むコンマで挟まれた部分は、主語 Raccoons に関する説明をする挿入節である。挿入節となりうるのは〈接続詞 although＋主語 they＋動詞 may dip〉の順となる **(C)**。

(A) は、挿入節内に文のほかの部分と結びつける接続詞、関係代名詞などがないので不正解。

(B) も、挿入節内に接続詞、関係代名詞などがないので不正解。

(D) は、接続詞 although が挿入節の主語 they の後にあるので不正解。

解答 **(C)**

練習問題

空所を埋めるのに最も適した選択肢を選びましょう。

1. Increasing muscle mass, -------, can be achieved by repetitive flexing of a muscle at optimal levels of exertion.

(A) one goal of physical therapy

(B) in the goal of physical therapy

(C) goal of physical therapy

(D) that is the goal of physical therapy

2. Hubert Humphrey, -------, achieved statewide prominence long before his election to the United States Senate.

(A) mayor of the Minneapolis

(B) who was a mayor of Minneapolis

(C) he was a mayor of Minneapolis

(D) whose mayor was Minneapolis

3. Igneous rock, -------, is one of the oldest types of rock on the Earth.

(A) occurring where there is the activity of volcanoes

(B) found wherever volcanic activity has occurred

(C) wherever occurs volcanic activity

(D) it is found where volcanic activity occurs

4. Surprisingly, the invention of the telephone, -------, was not followed immediately by its adoption and adaptation for military use.

(A) which it occurred in 1876

(B) occurred in 1876

(C) in 1876 occurring

(D) which occurred in 1876

5. The incarceration of Japanese-Americans during World War II, -------, was not acknowledged as wrong until several decades later.
(A) in the 20th century it was a violation of human rights
(B) the worst human rights of the 20th century were violated
(C) one of the worst violations of human rights in the 20th century
(D) a violation of the 20th century's human rights at its worst

6. The tomato, -------, is biologically classified as a fruit.
(A) though sold as a vegetable
(B) sold though as vegetable
(C) it is sold as a vegetable
(D) as it is sold as a vegetable

7. On July 4, 1776, ------- the signing of the Declaration of Independence, a committee was set up to design an official seal for the newly created government of the United States.
(A) it was within a few hours of
(B) a few hours within that
(C) within a few hours of
(D) within a few hours that

解答と解説

語句

1. 解答 (A)

訳 筋肉量を増加させることは、理学療法の1つの目標であり、最適な活動レベルで繰り返し筋肉を収縮させることで達成できる。

解説 文の主部はIncreasing muscle mass、述語動詞はcan be achievedで、空所部分はIncreasing muscle massを説明する挿入部分である。「理学療法の1つの目標」を表す名詞句の **(A)** が正解。**(B)** は前置詞inが不適切。**(C)** は可算名詞であるgoalの前に冠詞などがない。**(D)** はコンマの後に関係代名詞thatは使えない。

mass「量、かたまり」
repetitive「繰り返しの」
flex「～を収縮させる」
optimal「最適の」
exertion「骨の折れる運動」

2. 解答 (B)

訳 ヒューバート・ハンフリーは、ミネアポリス市長であったが、アメリカ上院議員の選挙に出るかなり前に、州全体に名声をとどろかせていた。

解説 文の主語はHubert Humphrey、述語動詞はachievedで、空所部分はHubert Humphreyを説明する挿入部分である。主格の関係代名詞whoを伴う節で「ミネアポリス市長であった」という意味を表す **(B)** が正解。**(A)** はMinneapolisの前に不要なtheがある。**(C)** はHumphreyの直後に代名詞heがあるので不正解。**(D)** は「ハンフリーの市長はミネアポリスだった」という意味になってしまう。

prominence「名声、卓越」
senate「上院」

3. 解答 (B)

訳 火成岩は、火山活動が起こったところならどこでも見つけられるが、地球上の最も古いタイプの岩石の1つである。

解説 文の主語はIgneous rock、述語動詞はisで、空所部分はIgneous rockを説明する挿入部分である。過去分詞foundで始め、「見つけられる」という受け身の意味を表している **(B)** が正解。**(A)** は「岩が起こっている」となり、rockとoccurringの意味上のつながりが不適切。**(C)** は、whereverの使い方が文法的にも意味的にもおかしい。**(D)** は接続詞や関係詞など適切な語なしにitで始まる節になっている。

igneous「火成の」
volcanic「火山の」

4. 解答 (D)

訳 電話の発明は、1876年であったが、驚いたことに軍事目的での採用や応用はすぐには行われなかった。

解説 文の主語は最初のコンマの後のinvention、述語動詞は3番目のコンマの後のwas not followedで、空所部分は「(電話の)発明」を説明する挿入部分である。〈主格の関係代名詞which＋動詞occurred〉を用いて、「それは～に起きた」という意味を表す **(D)**

invention「発明」
adoption「採用」
adaptation「応用、適用」

が正解。**(A)** は関係代名詞 which の後の代名詞 it が余分。**(B)** は occurred が過去分詞で受動態のようになってしまうので、頭に which が必要。**(C)** は現在分詞 occurring が in 1876 の後にあるので不正解。

5. 解答 (C)

訳 第二次世界大戦中の日系アメリカ人の施設収容は、20 世紀最悪の人権侵害の 1 つであったが、数十年後まで誤りであったと認められなかった。

解説 文の主語は incarceration であり、述語動詞は was not acknowledged で、空所部分は主語を説明する挿入部分である。主語と同格の挿入句で「人権侵害の 1 つ」を表す **(C)** が正解。**(A)**、**(B)** は節だが接続詞や関係代名詞などを伴っておらず、その前の部分ともつながらない。**(D)** は「20 世紀の人権」が意味的に不適切。

incarceration 「施設収容、拘禁」
acknowledge 「～を認める」
decade 「10 年間」

6. 解答 (A)

訳 トマトは野菜として売られているが、生物学的には果物に分類される。

解説 文の主語は tomato、述語動詞は is classified で、空所部分は主語を説明する挿入部分である。接続詞 though を用いて vegetable と fruit を対比させている **(A)** が正解。though の後には〈節の主語 it + 動詞 is〉が省略されている。**(B)** は though の位置が不適切。**(C)** は接続詞など適切な語がないのに節になっている。**(D)** は「野菜として売られているので果物に分類される」という意味になるため不正解。

biologically 「生物学的に」

7. 解答 (C)

訳 1776 年 7 月 4 日、独立宣言の署名後、数時間以内に、新たに作られたアメリカ政府の公印をデザインするために委員会が設置された。

解説 文の主語は committee、述語動詞は was set up で、空所には動詞を説明する副詞句の一部が入る。「～後数時間以内に」を表す **(C)** が正解。**(A)** は節になっているので接続詞が必要。**(B)**、**(D)** は that が関係代名詞、指示代名詞、接続詞、副詞のいずれであっても使い方が不適切。

the Declaration of Independence 「アメリカ独立宣言」

Lesson 4

名詞句・名詞節

▼学習ポイント

前後との関係を見て、名詞句か節か判断する。節には「主語・動詞」が必要！

例題

Relativity theory states -------, because of its gravity, distinctly effects the space-time continuum.

(A) mass that　　(B) which mass

(C) it is mass　　(D) that mass

ここをおさえる!

空所を含む部分が名詞句・名詞節であるようならそれが句と節のどちらなのか判断し、名詞節である場合はその主語と動詞を確認する。

試験では？

- 文全体の主語と述語動詞を見つける。
- 空所の前後、空所に入れる選択肢を見て、空所を含む部分の文中での位置づけを確認する。それが名詞句や名詞節であるなら、句と節のいずれなのか確認する。
- 空所の前に動詞がある場合、空所には接続詞 that などに導かれる名詞節が来ることがしばしばある。that 節をとることがある動詞があったら常にその可能性を考える。
- 空所を含む部分が節の場合はその主語と動詞を確認する。句の場合はその中に不要な主語や述語になる語が入っていないか確認する。
- 以上の点に注意して、正しい選択肢を選ぶ。

基本をおさらい

➡名詞句・名詞節については p. 33「名詞・代名詞」

ここに注目!

↓文の主語　↓述語動詞で、後ろに that 節を置くことが多い

Relativity theory states -------, because of its gravity, distinctly

↓名詞節の動詞　↑ここは挿入句（重要ではない）

effects the space-time continuum.

よって、ここには節の始まりを示す接続詞と主語が入るはず！

選択肢は名詞 mass, that, which, it is の組み合わせ

訳

質量はそれ自身の重力によって時空連続体を明らかに生じさせると、相対性理論は述べている。

解説

文の主語は Relativity theory、述語動詞は states である。その後に再び動詞 effects があることから、空所以下は states の内容を示した名詞節（that 節）で、effects はその動詞であることがわかる。名詞節の主語は見当たらないので空所にあると考える。選択肢には mass, that, which, it, is があることから節の構成を推測すると、〈接続詞 that + 節の主語 mass + 節の動詞 effects + 目的語〉となる。よって、**(D)** が正解。because of で始まる挿入句があることで構造がわかりにくいが、挿入句を抜かして考えるとわかりやすい。

(A) は、that が mass の後ろにあるので不正解。

(B) which では states とうまくつながらないので不正解。

(C) は、it is mass が節のほかの部分と正しくつながらないので不正解。

語句

relativity「相関（性）」　gravity「重力」　distinctly「明らかに」　effect「～を生じさせる、もたらす」

解答　**(D)**

練習問題

空所を埋めるのに最も適した選択肢を選びましょう。

1. In psychiatry, the abnormal repetition of ------- is known as echopraxia.
(A) like other their actions
(B) others their acting
(C) the actions of others
(D) the others act like

2. The geological term laccolith refers to the huge domes of ------- the mountains of southern Utah.
(A) cakelike igneous rock typical to
(B) igneous rock is typically cakelike in
(C) cakelike igneous rock which is typical
(D) which cakelike igneous rock is typical to

3. ------- as president is commonly accepted as the main reason for the scandals which riddled his administration.
(A) Warren G. Harding whose indecisiveness
(B) It was that Warren G. Harding was indecisive
(C) Warren G. Harding who indecisive
(D) That Warren G. Harding was indecisive

4. The great majority ------- produced in Hollywood are fiction films.
(A) which full-length motion pictures are
(B) of full-length motion pictures
(C) for which full-length motion pictures
(D) of full-length motion pictures are

5. It was ------- in 1837 the concept of cost-free, tax-supported universal education was first introduced in the United States.

(A) in Michigan that

(B) Michigan in where

(C) that in Michigan

(D) in Michigan which

6. Since their outermost electron shells contain so few electrons, ------- the so-called transition elements are all metals.

(A) it is not surprising when

(B) it is not surprising that

(C) not surprisingly in that

(D) when not surprising

7. The publication of Edward T. Hall's *The Silent Language* in 1959 was instrumental ------- the discipline of intercultural communication.

(A) in establishing

(B) in the establishment

(C) which in establishing

(D) which established

解答と解説

語句

1. 解答 (C)

訳 精神医学において、他人の行動の異常反復は、反響動作症として知られている。

解説 文の主語はrepetition、述語動詞はis knownであり、主語の後にはofで始まる主語を説明する句が入る。「他人の行動の異常反復」となる**(C)**が正解。**(A)**は前置詞likeが前置詞ofの後に来ることになるので不正解。**(B)**はothersの後にtheir actingがつながらない。**(D)**はofの後に主語と動詞があり、つながらない。

psychiatry「精神医学」
echopraxia「反響動作症」

2. 解答 (A)

訳 地質学用語のラコリスとは、ユタ州南部の山中によく見られるケーキ状の火成岩の巨大なドームのことである。

解説 前置詞ofの後に続き、その後のthe mountains以降とつながる語句を探すと、「ケーキのような火成岩」の後に、「～によく見られる」を表すtypical toが続いている**(A)**が正解。**(B)**はofの後に節が続くことになるので不正解。**(C)**はtypicalの後にtoがなく後ろとつながらない。**(D)**は意味的につながらない。

geological「地質学の」
refer to ～「～のことを言う」

3. 解答 (D)

訳 ウォーレン・G・ハーディングに、大統領としての決断力が備わっていなかったことが、彼の政権を揺るがしたスキャンダルの主な理由であると一般的に認められている。

解説 述語動詞はis acceptedで、その前に主語が来るはずだが、問題文にはないので主語は空所にあることがわかる。接続詞thatが導く名詞節であり、「ハーディングに決断力が備わっていなかったこと」を意味する**(D)**が正解。That ... is ～. はIt is ～ that ... と置き換えてもよい。**(A)**は関係代名詞whoseで始まる節に動詞がない。**(B)**はIt wasが余分。**(C)**は関係詞節に動詞がない。

riddle「～を揺るがす」
administration「政権」

4. 解答 (B)

訳 ハリウッドで制作される標準的な長さの映画の大多数は、フィクションものである。

解説 述語動詞はareで、空所部分を含むその前の部分が主部である。produced in Hollywoodは空所にあるmotion picturesを説明している。「標準的な長さの映画の大多数」という意味になる**(B)**が正解。**(A)**、**(C)**はmajorityとwhichから始まる関係詞節のつながりが不適切。**(D)**のareは、述語動詞areのほかにare producedも述語動詞にしてしまうので不正解。

majority「大多数」

5. 解答 (A)

訳 無料で税金に支えられたすべての人々のための教育という概念が、1837年にアメリカで最初に導入されたのは、ミシガン州においてであった。

解説 It was で始まり、選択肢に that があることから、強調構文ではないかと見当をつける。強調構文は〈It + be 動詞 + 強調される語句 + that + 元の文から強調される語句を除いた節〉の形をとる。ここでは in Michigan が強調され、その後に that が続く **(A)** が正解。**(B)** は in が Michigan の後にあり、that ではなく where が用いられているので不正解。**(C)** は that が強調する語句である in Michigan の前にある。**(D)** は that ではなく which が使われている。

cost-free「無料の」

6. 解答 (B)

訳 その最も外側の電子殻にはほとんど電子がないので、いわゆる遷移元素がすべて金属であることは驚くべきことではない。

解説 Since から始まる節は従属節、コンマの後が主節である。主節のうち、空所より後は、主語が transition elements、動詞が are で、節になっている。空所より後の節を導く that が適切に用いられている **(B)** が正解で、形式主語の it を使って It is ～ that .... の構文を作っている。that 以下の内容について、「驚くべきことではない」と述べている。**(A)** は that の代わりに when が使われている。**(C)**、**(D)** は主語と動詞のある主節を作れない。

transition「遷移、変遷」

7. 解答 (A)

訳 1959年のエドワード・T・ホールの『沈黙のことば』の刊行は、異文化コミュニケーション分野の確立に役立った。

解説 be instrumental in ～ing で「～することに役立っている、貢献している」を意味するので、〈in + 動名詞 establishing〉を用いた **(A)** が正解。**(B)** は名詞 establishment の後にその次とつなげる of がない。**(C)**、**(D)** は形容詞 instrumental の直後に which があり、先行詞がない。

publication「出版（物）」
instrumental「役立つ」
discipline「分野」

Lesson 5

副詞句・副詞節

▼学習ポイント

副詞句・節でよく使われる語句に注意する。節には「主語・動詞」が必要！

例題

By the time -------, Ernest Hemingway had already decided he wished to be a fiction writer.

(A) was in his early twenties
(B) he was in his early twenties
(C) in his early twenties
(D) his early twenties were

ここをおさえる!

よく使われる語句に注意して副詞句・副詞節を見つけたら、その中の使用語句や語順をチェックする。
節の場合は、節の主語と動詞を確認する。

試験では？

- 文の主語と述語動詞を確認する。
- 選択肢の中に to 不定詞、分詞構文、〈前置詞＋名詞/動名詞〉があれば、副詞句がポイントであることが考えられる。使用語句や語順が正しいかチェックし、不要な主語や述語がないか確認する。
- if や when、though や because といった従属節を導く接続詞があれば、副詞節がポイントであることが考えられる。副詞節の主語と動詞を確認し、節の使用語句や語順が正しいかチェックする。
- 主節と従属節（接続詞が導く副詞節）の主語が一致するとき、従属節の主語と be 動詞が省略されることがよくあるという点に注意する。
- 以上の点に注意して、正しい選択肢を選ぶ。

基本をおさらい

➡副詞句・副詞節については p. 34「形容詞・副詞」

ここに注目!

↓副詞節を導く　↓文の主語　↓述語動詞

By the time -------, Ernest Hemingway had already decided he wished to be a fiction writer.

↓選択肢には名詞と動詞がある

(A) was in his early twenties
(B) he was in his early twenties
(C) in his early twenties
(D) his early twenties were

よって、ここには節の主語と動詞が入るはず！

訳

アーネスト・ヘミングウェイは、20 代の初めには、すでに小説家になりたいと決めていた。

解説

By the time は副詞節を導くことが多いということを知っているかどうかが重要。空所には節の主語と動詞が必要であることを見抜く。主語 he、動詞 was を使い、By the time に続けて「彼が 20 代の初めになるまでには」という意味を表す **(B)** が正解。

(A) は動詞があって主語がないので不正解。
(C) は主語と動詞がなく、文法上は可能だが意味が通じないので不正解。
(D) は動詞 were の後に対応する語がなく、意味がつながらないので不正解。

解答　**(B)**

練習問題

空所を埋めるのに最も適した選択肢を選びましょう。

1. ------- states, Massachusetts has one of the highest populations in the United States.

(A) A smaller

(B) Though one of the smaller

(C) With the small

(D) The smallest

2. ------- many people, Thomas Jefferson was also an agricultural researcher who experimented with crop rotation and other crop-raising techniques.

(A) Unknown to

(B) Unknowingly for

(C) Unknowing by

(D) Unknown for

3. ------- in literature, William Faulkner was recognized for his best work long after it had already been written.

(A) When it happens

(B) As often happens

(C) Since it happens often

(D) So often it happens

4. ------- ginseng, one must carefully regulate the roots' exposure to sunlight and humidity.

(A) If dry

(B) In dry

(C) The drying

(D) When drying

5. ------- the state of local deer populations, the four most important characteristics are herd size, average age per animal, individual health, and reproductive rate.

(A) Of evaluating
(B) In evaluating
(C) Evaluating
(D) Though evaluating

6. In most areas -------, it is regarded as superior to other materials for the construction of monuments.

(A) stone available
(B) where is available stone
(C) availability of stone
(D) where stone is available

7. If raw silk yarn ------- to be workable, it must first be soaked in an oil-based emulsion for about eight hours.

(A) becoming enough pliant
(B) is to become pliant enough
(C) is becoming enough pliant
(D) pliant enough becomes

解答と解説

語句

1. 解答 (B)

訳 マサチューセッツ州は小さな州の１つであるが、アメリカで人口の最も多いところの１つである。

解説 空所の後が states と複数形であることに注意する。文脈から **(B)** が正解。though が導く従属節（副詞節）の主語が主節の主語と一致するとき、従属節の主語と be 動詞が省略されることがあり、ここでは、Though の後に it is が省略されている。**(A)**、**(C)**、**(D)** については、Massachusetts は単数なのに states が複数である以上、「～の１つ」を意味する語が空所に必要だが、それがないので不正解。なお、**(B)** の中の the smaller states には比較級が用いられているが、これは全部の州の中でほかと比べて小さめのいくつかの州という意味を表している。

2. 解答 (A)

訳 多くの人には知られていないが、トーマス・ジェファーソンは、作物の輪作やそのほかの栽培技術を試みた農業研究者でもあった。

解説 知られていないことを表すには、〈形容詞 unknown「知られていない」＋ to ＋名詞〉の **(A)** が正解。**(B)** unknowingly は「（自分が）知らずに」、**(C)** unknowing は「（自分が）知らない」ことを意味するので、「（人に）知られていない」ことを表すこの文脈には合わない。**(D)** は unknown の後に to ではなく for が使われており不適切。

experiment
「試みる、実験する」
crop「作物」

3. 解答 (B)

訳 文学ではしばしばあることだが、ウィリアム・フォークナーは彼の最高傑作を書いてかなりたってからその作品で認められた。

解説 元来接続詞である as が、関係代名詞のように（疑似関係代名詞）、先行詞を含んだ主語として用いられることがある。「しばしばあることだが」を表す節の **(B)** が正解。先行詞はコンマの後の主節全体だが、この問題のように as を伴う節が主節より前に出ることもよくある。**(A)**、**(C)**、**(D)** は it が何か不明で、主節と適切につながらない。

literature「文学」

4. 解答 (D)

訳 チョウセンニンジンを乾燥させるときには、根を日光と湿気にさらす度合を注意深く調節しなければならない。

解説 主節と従属節（接続詞が導く副詞節）の主語が一致するとき、従属節の主語と be 動詞が省略されることがある。When one is drying の one is が省略された **(D)** が正解。**(A)** は drying であれば

ginseng
「チョウセンニンジン」
regulate
「～を調節する」

文法的には可。**(B)** は〈前置詞 in + 動詞の原形または形容詞の dry〉では適切な文にならない。**(C)** は主節とつながらない。

exposure「さらすこと」
humidity「湿気」

5. 解答 (B)

訳 ある地域のシカの群れの状態を評価するとき、最も重要な4つの特性は、群れの大きさ、1頭の平均年齢、個々の健康状態、そして繁殖率である。

解説 in ～ing で、「～するとき」という意味を表す。「～を評価するとき」を表す副詞句を作る **(B)** が正解。**(A)** の of では意味が通らない。**(C)** は現在分詞を用いて主語を省略した分詞構文を作っているが、evaluate の動作主が文の主語である characteristics と同一ではないので分詞構文にならない。**(D)** は、evaluate の主語が主節の主語 characteristics ではなく、though の後に主語と be 動詞を省略することができないため不正解。

herd「群れ」

6. 解答 (D)

訳 石が手に入るほとんどの地域では、石はほかの材料よりも記念碑を建てるには優れていると考えられている。

解説 文の主節の主語は it、述語動詞は is regarded。空所は areas を修飾して「石が手に入る（地域）」の意味になる関係詞節 **(D)** が正解。**(A)** は名詞と形容詞しかなく前とつながらない。**(B)** は節の語順が不適切。**(C)** はその前の areas とつながらない句になっている。

available「手に入る」
superior to ～「～より優れて」

7. 解答 (B)

訳 もし生糸を加工できるほど柔らかくしなければならないなら、まず油性の乳剤に約8時間浸しておかなければならない。

解説 If が導く副詞節では、raw silk yarn が主語で、空所には動詞が必要であることがわかる。動詞は「～しなければならない」などを意味する is to ～を使った **(B)** が正解。**(A)** は適切な形の動詞がない。**(C)** は動詞の現在進行形 is becoming が文脈に合わない。また、enough は形容詞 pliant の後ろに来なければならない。**(D)** は動詞 becomes が形容詞 pliant の後にある。

pliant「柔らかい」
soak「～を浸す」

Lesson 6

名詞と動詞

▼学習ポイント

「文や節の動詞をおさえる」ことで、選択肢の語が名詞か動詞かを見抜く！

例題

Once an outbreak of a deadly virus occurs, public health workers ------- its spread.

(A) track　　(B) tracking

(C) are track of　　(D) who track

ここをおさえる!

ある語が名詞や動詞として複数の選択肢で使用されている場合、文全体の述語動詞や節の動詞をおさえることで、空所に必要なのは動詞か名詞かがわかる。

試験では？

- 文全体および節の主語と動詞を見つける。
- ある語が名詞や動詞として複数の選択肢で使用されていたら、文全体や節の動詞をおさえることで、空所に必要なのは動詞か名詞か、あるいは動名詞などほかの形かを見抜く。
- 名詞と動詞の両方がある語が文中でどちらであるか判断するには、次の点をチェックするとよい。
  1. 冠詞や関係詞節を伴う場合、名詞の可能性が大きい。
  2. 名詞（句）を直後に伴う場合、それを目的語とする動詞の可能性が大きい。
- 前置詞の後に来る場合、動詞は動名詞になる点に留意する。
- 以上の点に注意して、正しい選択肢を選ぶ。

基本をおさらい

➡名詞と動詞については p. 16「文・動詞」、p. 33「名詞・代名詞」

ここに注目!

従属節はざっと見ればよい↓　　主節の主語。述語動詞がない↓

Once an outbreak of a deadly virus occurs, public health workers ------- its spread.

↑述語動詞の目的語

↓選択肢は名詞と動詞の track

(A) track　　(B) tracking
(C) are track of　　(D) who track

よって、ここには主節の動詞が入るはず！

訳

ひとたび致死性ウイルスが発生すると、公衆衛生職員たちはその広がりを追跡する。

解説

空所の前は主節の主語 workers で、空所の後は its spread である。空所には workers に合う述語動詞が必要であり、its spread がその動詞の目的語であると考える。track は名詞では「通った跡、進路」、動詞では「～を追跡する」などの意味があるが、ここでは「～を追跡する」を表す **(A)** が正解。なお、コンマの前は Once で始まる従属節で、設問とは関係がないので、ざっと見るだけにしてコンマの後の主節に集中しよう。

(B) tracking は分詞または動名詞なので述語動詞になれない。

(C) は主節の主語と意味が合わないので不正解。

(D) は who があるともう 1 つ動詞が必要になってしまうので不正解。

語句

outbreak「発生」　deadly「致死性の、命にかかわる」　track「～を追跡する」

解答 (A)

練習問題

空所を埋めるのに最も適した選択肢を選びましょう。

1. Even before the feat was actually accomplished on July 20, 1969, most American citizens had believed that the United States would ------- a manned spacecraft on the surface of the Moon.

(A) be success in landing
(B) success to land
(C) be successful to landing
(D) succeed in landing

2. When -------, its molecules re-combine such that it expands in volume.

(A) water freezes
(B) water freezing
(C) water which freezes
(D) water freeze

3. One of the most effective and cheapest ways to detect the presence of disease in the body is by ------- the blood.

(A) test of
(B) to test
(C) test
(D) testing

4. ------- prior to hibernation, because fat—when oxidized—supplies both the energy and the water the animals need to survive.

(A) The store of large amounts fat by bears
(B) Bears' store of large amounts of fat
(C) Bears store large amounts of fat
(D) Bears storing large amounts of fat

5. User-friendly software is hierarchically organized, which means ------- and more difficult operations are not central to the program's operation.
(A) basic functions' easy use
(B) basic functions are easy use
(C) basic functions using easily
(D) basic functions are easy to use

6. ------- which express the result of a measurement such that only the last digit is in doubt.
(A) They are significant figures
(B) A number significantly figures
(C) Significant figures are those numbers
(D) It figures numbers significant

7. During the presidency of Jimmy Carter, the general rate of inflation often approached 10 percent and ------- climbed even more dramatically.
(A) housing which cost more
(B) the cost of housing
(C) costing of housing
(D) what housing costs

解答と解説

語句

1. 解答 (D)

訳 1969年7月20日に実際に偉業が成し遂げられる前でも、ほとんどのアメリカ国民は、有人宇宙船が月面着陸に成功するだろうと信じていた。

解説 had believedの内容を示すthat以降の名詞節では、主語はthe United States。助動詞wouldの後には動詞が来るので、名詞successで始まる**(B)**は不正解。**(A)**はbe successが主語the United Statesと合わない。**(C)**はbe successful in landingとすれば可能だが、be successful to landingとなっている。よって動詞succeedが続く**(D)**が正解。

feat「偉業」
accomplish
「～を成し遂げる」
surface「表面」

2. 解答 (A)

訳 水が凍るとき、その分子は再結合して体積は膨張する。

解説 空所はWhenが導く従属節。節の主語はwaterなので、後に三人称単数現在のsをつけた動詞freezesが続く**(A)**が正解。**(B)**は適切な形の動詞がない。**(C)**はfreezesが関係詞節の動詞となるので、動詞がもう1つ必要になる。**(D)**は動詞freezeに三人称単数現在のsがついていない。

molecule「分子」
expand「膨張する」
volume「体積」

3. 解答 (D)

訳 身体が病気に冒されているかを見つける最も効果的で安価な方法の1つは、血液を検査することである。

解説 空所の前は前置詞by、後は名詞bloodである。選択肢から空所にはtestが何らかの形で入るとわかるが、動名詞testingとすれば前置詞の後に入り、bloodを目的語として、前後と適切につながる。よって**(D)** testingが正解。**(A)**、**(B)**、**(C)**は動名詞になっておらず、またtestが名詞の場合は基本的に冠詞が必要なので不正解。

effective「効果的な」
detect
「～を見つける」

4. 解答 (C)

訳 クマが冬眠する前に大量の脂肪を蓄えるのは、脂肪は酸化するとき、その動物が生きていくのに必要なエネルギーと水の両方を供給するからである。

解説 コンマの前の部分に主語と動詞がなく、コンマの後ろはbecauseが導く従属節なので、空所には主節の主語と述語動詞が必要であることがわかる。文脈から、主語はBearsで、述語動詞はstore「～を蓄える」となり**(C)**が正解。storeはここでは名詞ではなく、動詞として用いられていることに注意。**(A)**、**(B)**、**(D)**には主節の述語動詞がないので不正解。

prior to ～
「～より前に」
hibernation「冬眠」
oxidize
「～を酸化させる」

5. 解答 (D)

訳 使い勝手のよいソフトウェアは、階層構造になっている。それはつまり、基本的な機能は使いやすく、より難しい操作はプログラム操作の中心的存在ではないということである。

解説 関係詞節の中の、means の指す中身が問われている。and の後に more difficult operations are not central ... と〈主語＋動詞〉があることから、空所の中にも〈主語＋動詞〉が入り、2組の〈主語＋動詞〉が and によってつながれているとわかる。functions を主語、are を動詞として「基本的な機能は使いやすい」という意味を表す **(D)** が正解。**(A)** の use は名詞で、動詞がない。**(B)** は easy の後に to が必要。**(C)** は適切な形の動詞がない。

hierarchically「階層的に」
function「機能」

6. 解答 (C)

訳 有効数字とは、最終桁のみが疑わしい測定結果を表す数字である。

解説 figure は名詞では「数字、姿」、動詞では「〜と思う、判断する」などの意味がある。関係代名詞 which の前の空所には文の主語と述語動詞が入り、かつ which の先行詞となる名詞などが必要。形として適切なのは **(A)** と **(C)** だが、**(A)** は They が何を指すか不明確。よって **(C)** が正解。

significant「重要な」
digit「桁、数字」

7. 解答 (B)

訳 ジミー・カーターが大統領であった間、一般インフレ率はしばしば10%近くになり、住宅費はさらに劇的に上昇した。

解説 コンマの後に文の主語 rate と述語動詞 approached があるが、その後にまた動詞 climbed がある。2組の〈主語＋述語動詞〉を and がつないでおり、climbed の主語が空所に入ることがわかる。cost「費用」を主語としている **(B)** が正解。**(A)** は climbed に対応する主語が cost ではなく housing になっている。**(C)** の costing は「原価計算、見積もり」の意味なので不正解。**(D)** は what housing costs が climbed の主語には不適切。

presidency「大統領の任期」
dramatically「劇的に、めざましく」

Lesson 7

自動詞と他動詞

▼学習ポイント

自動詞か他動詞かは、動詞の後の「前置詞」「目的語」で見極める！

例題

Research by automobile manufacturers has shown that the key to long engine life ------- in the frequent changing of engine oil.

(A) lays　　(B) lying　　(C) lies　　(D) lay

ここを おさえる!

空所に動詞が入る場合、自動詞か他動詞かを見極めるには、動詞の後に注目する。目的語がなく前置詞などであれば自動詞、目的語があれば他動詞である。目的語がなくても、受動態の場合の動詞は他動詞である。

試験では？

- 文全体と節の主語と述語動詞をおさえる。
- 選択肢に自動詞と他動詞がある場合、動詞の後に目的語がなく前置詞などがあれば自動詞、動詞の目的語があれば他動詞が入ることがわかる。
- 特に次のような動詞に注意する。
  1. 自動詞と他動詞で形は異なるが類似した語（例　lie, lay）
  2. 自動詞にも他動詞にも用いられる語（例　sell）
  3. 自動詞と他動詞を取り違えやすい語（例　discuss は他動詞だが、自動詞と思い後ろに不要な about を入れてしまいがちである）
- 目的語がない場合でも、受動態では、能動態の文の目的語が主語になったものなので、動詞は他動詞である。
- 以上の点に注意して、正しい選択肢を選ぶ。

基本をおさらい

➡自動詞・他動詞については p. 16「文・動詞」

ここに注目！

↓文の主語　↓述語動詞　名詞節の主語↓

Research by automobile manufacturers has shown that the key to long engine life ------- in the frequent changing of engine oil.

よって、ここには節の動詞として、前置詞を後に置ける自動詞が入るはず！

↑空所の後は前置詞。動詞の目的語になるものはない

↓選択肢は自動詞、他動詞、分詞

(A) lays　(B) lying　(C) lies　(D) lay

訳

自動車メーカーの研究によれば、エンジンの寿命を長くするコツはエンジンオイルを頻繁に交換することにある。

解説

文の主語はResearch、述語動詞はhas shownで、that以下の名詞節の主語はkey、動詞は選択肢のいずれかとなる。空所の後には前置詞inがあり、動詞の目的語はないので、空所には自動詞が入ることがわかる。lieは自動詞で、「横たわる」などの意味だが、しばしば前置詞をすぐ後ろに置き「(～に) ある」を意味する。layは他動詞で、すぐ後ろに目的語をとり「～を横たえる、置く」の意味を表す。よって、**(C)** liesが正解。

(A) laysは他動詞なので不正解。

(B) lyingはlieの現在分詞または動名詞なのでそれだけで述語動詞にはならず不正解。

(D) layはlieの過去形または他動詞layの原形であり、lieだとすれば文脈から過去形は不適切であり、layだとすると目的語がない上に三人称単数現在のsがなく、不正解。

語句

manufacturer「メーカー、製造業者」　frequent「しばしば起こる、頻繁な」

解答 (C)

練習問題

空所を埋めるのに最も適した選択肢を選びましょう。

1. Jim Thorpe, born to a poor family on a Native American reservation in Oklahoma, ------- to become the most famous athlete of the early 20th century.

(A) was growing
(B) grew up
(C) grown up
(D) was grown up

2. Because of the depth at which the ship sank, it is considered unfeasible ------- the Titanic from the floor of the Atlantic Ocean.

(A) to attempt the rising of
(B) to attempt to raise
(C) attempting to raise
(D) to attempt to rise

3. Despite the efforts of leading feminists and sympathetic politicians, the Equal Rights Amendment ------- the required number of 38 state legislatures.

(A) was never ratified by
(B) it never ratified in
(C) never ratified by
(D) never was ratified

4. A substance's critical temperature is the degree of heat above which the substance ------- as a gas.

(A) can only be existed
(B) can be exist only
(C) exists only it can be
(D) can only exist

5. Laura Clay, a leader in the women's suffrage movement, was typical in that she believed the right to vote ------- to educated women of European ancestry.

(A) it should extend only
(B) should be only extend
(C) should be extended only
(D) only it should be extended

6. Herons can ------- because of their distinctively long necks and long bills.

(A) be easily recognized
(B) easily recognized
(C) recognize easily
(D) be easily recognizing

7. Relative pitch refers to the ability to identify or sing a tone ------- distance of its pitch from that of a tone already sounded.

(A) determined by mental
(B) by mentally determining the
(C) by the mental determination
(D) determines mentally the

解答と解説

語句

1. 解答 (B)

訳 ジム・ソープは、オクラホマ州のアメリカ先住民居留地の貧しい家庭に生まれたが、成長して20世紀初頭の最も有名な運動選手になった。

解説 コンマで挟まれた born ... Oklahoma は挿入句。空所には主語 Jim Thorpe に対する述語動詞を入れる必要がある。「成長した」を意味する自動詞 **(B)** grew up が正解。**(A)** の過去進行形は文脈から意味が合わない。**(C)** grown は過去分詞なので完了形を作る has, had や受動態を作る be 動詞がないと述語動詞にならない。**(D)** は受動態だが up を伴う grow は自動詞であり受動態にはならない。

reservation「特別保留地、居留地」

2. 解答 (B)

訳 タイタニック号は深く沈んだため、それを大西洋の海底から引き上げようと試みるのは不可能であると考えられている。

解説 it is ～とあり、選択肢に〈to＋動詞の原形〉があるので、形式主語構文であると見当をつける。形式主語構文では、形式主語 it に対して〈to＋動詞の原形〉が真主語となる。to 以下の句を見ると、the Titanic が空所直後にあることから、空所の動詞はそれを目的語とする他動詞であることがわかる。to attempt の後に他動詞 raise「～を上げる」が続く **(B)** が正解。**(A)**、**(D)** の rise は自動詞「上がる」、rising は「上がること」を表し、船を引き上げることにならない。**(C)** attempting は動名詞で前とはつながらない。

unfeasible「実行不可能な」
attempt「～を試みる」

3. 解答 (A)

訳 有力な男女同権論者や賛成する政治家たちの努力にもかかわらず、男女平等憲法修正条項は、必要数の38州議会で承認されることがなかった。

解説 文の主語は Equal Rights Amendment、述語動詞は空所内にあることがわかる。修正条項は「承認されなかった」との意味を表すには、他動詞 ratify を受動態にして用いるため **(A)** が正解。ratify は他動詞なので、能動態なら後に目的語をとるが、この文は受動態なので後ろに目的語はない。**(B)** は主語の直後の it が不要で、かつ受動態になっていない。**(C)** は be 動詞がない。**(D)** は、動詞の後に行為者を示す前置詞 by がなく後ろとつながらない。

sympathetic「共感して、賛成の」
amendment「修正、修正案」
ratify「～を承認する、批准する」
legislature「州議会、立法機関」

4. 解答 (D)

訳 物質の臨界温度とは、その物質がある温度を超えると気体としてのみ存在できるときの温度のことである。

substance「物質」

解説 〈前置詞 + which〉以下の関係詞節の主語は substance で、空所には動詞が入る。「物質が存在できる」を表すには能動態の **(D)** が正解。動詞 exist は自動詞であり、自動詞は受動態にならないため **(A)** は不正解。**(B)** は exist の前に be がある。**(C)** は exists の後に不要な it can be がある。

critical
「臨界の、決定的な」

5. 解答 (C)

訳 ローラ・クレイは、女性の参政権運動の指導者であるが、投票権はヨーロッパ人の家系で教育のある女性のみに広げられるべきであると信じていたという点がいかにも彼女らしかった。

解説 believed の内容を示す節の動詞 extend「～を広げる」をその主語 right to vote に合わせるには、受動態を用いて「投票権が広げられるべき」とする必要があるので、**(C)** が正解。**(A)** は right to vote の直後の it が不要であり、また能動態になっている。**(B)** は be 動詞の後が過去分詞 extended になっていない。**(D)** は right to vote の後の it が不要。

suffrage「参政権」
typical
「特徴をよく示している、典型的な」
ancestry
「家系、祖先」

6. 解答 (A)

訳 サギは、独特の長い首と長いくちばしのために容易に見分けられる。

解説 文脈から、主語 Herons は「自分で見分ける」のではなく「見分けられる」ので、この文では recognize「～を見分ける」を受動態にした〈be 動詞 + 過去分詞〉の形の **(A)** が正解。**(B)** は be 動詞がない。**(C)** は能動態なので不正解。**(D)** は能動態で現在進行形なので不正解。

heron「サギ」
distinctively
「独特に」

7. 解答 (B)

訳 相対音感とは、ある音の高さと、すでに出された音の高さとの差を頭の中で決めることによって、その音を聞き分けたり歌ったりする能力のことを言う。

解説 文の主語は Relative pitch、述語動詞は refers である。determine を他動詞として用いて、目的語に distance をとり「差を頭の中で決めることによって」の意味となる **(B)** が正解。**(A)** は「mental distance によって決められた音」という意味になりおかしい。**(C)** は名詞 determination の直後に名詞の distance がありつながらない。**(D)** は述語動詞 refers があるのに、接続詞や関係代名詞を伴わずにもう 1 つの動詞 determines があるので不正解。

relative「相対的な」
identify「～を見分ける、特定する」
determine
「～を決める」

Lesson 8

能動態と受動態

▼学習ポイント

受動態かどうかは、主語が「動作主か受け手か」でわかる！

例題

Excluding automobile and work-related accidents, the leading causes of non-fatal accidents -------.

(A) stairs and ramps are involved　(B) was involved stairs and ramps
(C) involve stairs and ramps　(D) involving stairs and ramps

ここをおさえる!

空所に動詞が入り選択肢に能動態と受動態がある場合、まずはその主語を見つけ、それが動作主なら能動態、受け手なら受動態と判断する。

試験では？

- 文全体と節の主語と述語動詞を確認する。
- 空所に動詞が入り、選択肢に能動態と受動態がある場合、その主語を見つける。
- 主語が動詞の動作主（それをしている）なら能動態を使い、主語が動詞の受け手（それをされている）なら受動態であることがわかる。また、動詞の後に by があれば受動態の可能性は高い。
- 態に加えて時制にも注意して、正しい選択肢を選ぶ。

基本をおさらい

➡能動態・受動態については p. 20「受動態」

ここに注目!

↓分詞構文なのでまず外して考える

Excluding automobile and work-related accidents,
the leading causes of non-fatal accidents -------.

↑文の主語　述語動詞が入るはず↑

↓選択肢は能動態、受動態、現在分詞

(A) stairs and ramps are involved
(B) was involved stairs and ramps
(C) involve stairs and ramps
(D) involving stairs and ramps

よって、ここにはcausesに対応する動詞involveの適切な形が入る。文脈から能動態になるはず！

訳

車の事故や業務上の事故を除くと、死に至らない事故の主な原因は、階段や傾斜路にかかわるものである。

解説

文の主語はcausesで、選択肢から、述語動詞involveをどのような形にするかが問われているとわかる。involveは受動態で使われることがよくあるが、主語と目的語の関係をよく見て考えると、ここでは「～にかかわる」という意味の能動態を用いる必要がある。よって **(C)** が正解。Excludingからコンマまでの部分は、空所の解答選択には直接関係していないので、ざっと見るだけでよい。
(A) は主語と動詞があり前とつながらないので不正解。
(B) は受動態でstairs and rampsがつながらないので不正解。
(D) はinvolvingが述語動詞になれないので不正解。

語句

fatal「死に至るような」

解答 (C)

練習問題

空所を埋めるのに最も適した選択肢を選びましょう。

1. A semiaquatic animal best known for its dam building, the beaver is ------- to the rat.

(A) relating

(B) related

(C) of a relation with

(D) being related

2. The film *Casablanca* ------- the list of movies requested most frequently by viewers of movies shown on television.

(A) was top

(B) is top

(C) tops

(D) topping

3. Almost one-third of all Americans ------- some form of recognized psychiatric disorder at some time in their lives.

(A) have experienced

(B) are experienced

(C) have been experienced

(D) are having experience

4. When housework and -------, wives average 71 hours of work per week, compared to 56 hours for husbands.

(A) combining outside employment

(B) combine outside employment

(C) outside employment being combined

(D) outside employment are combined

5. Most of North and South Dakota would still be prairie if they ------- in their natural state.

(A) had left

(B) had been left

(C) have left

(D) was left

6. Harry Truman, having just assumed the presidency in 1945 upon the death of Franklin Roosevelt, ------- charge of the top-secret Manhattan project.

(A) has taken

(B) took

(C) was taking

(D) has been taken

7. The proglottis is the segment or joint of a tapeworm ------- complete male and female reproductive systems.

(A) is contained

(B) contained are

(C) which containing

(D) which contains

解答と解説

語句

1. 解答 (B)

訳 ビーバーは、ダム作りでよく知られている半水生動物であるが、ネズミの仲間である。

解説 文の主語は beaver。動詞 relate は他動詞としては「～を（…と）関連付ける」という意味なので、「ビーバーはネズミと関連付けられている、関連がある」を表す受動態にするには、動詞は〈is＋過去分詞 related〉となり **(B)** が正解。**(A)** は能動態で現在進行形なので不正解。**(C)** は受動態ではなく、前置詞が2つ重なっているので文がつながらない。**(D)** は分詞 being を用いて受動態の進行形 is being related となっているが、ここでは現在進行中の動作や限られた期間の習慣的行動ではないので進行形は適切ではない。

semiaquatic「半水生の」

2. 解答 (C)

訳 映画『カサブランカ』は、テレビ放映の映画の視聴者から最も頻繁にリクエストされる映画リストのトップにある。

解説 The film *Casablanca* が主語で、述語動詞は問題文には見当たらないので、空所にあることがわかる（requested は述語動詞ではなく、過去分詞で movies を説明している）。top は名詞としてよく使われるが、ここでは動詞として能動態を作り「～のトップに位置する、頂上にある」という意味を表す。**(C)** が正解。**(A)**、**(B)** の top は名詞で、is/was the top of のように top の前に the、後に of が必要なので不正解。**(D)** は分詞で、述語動詞ではない。

3. 解答 (A)

訳 アメリカ人の3分の1近くが、人生のある時点で何らかの形のはっきりとわかる精神的な不調を経験したことがある。

解説 文の主語は Americans で、述語動詞は空所内にあり、選択肢から experience だとわかる。アメリカ人が「経験したことがある」ことを表すので能動態の **(A)** have experienced が正解。**(B)**、**(C)** は受動態なので不正解。**(D)** は名詞 experience に some 以下が続かない。

psychiatric「精神医学の」
disorder「不調、病気」

4. 解答 (D)

訳 家事と外での仕事が合算されると、夫は週に56時間であるのに対し、妻は平均71時間働いていることになる。

解説 選択肢を見て、when が導く節の主語は housework and outside employment だと推測する。それらは自ら合算するものではなく、「合算される」ものなので、受動態 are combined になり **(D)** が正解。**(A)**、**(C)** は when が導く節に動詞がない。**(B)** は動詞 combine が outside employment の前にあり形も不適切。

employment「雇用」
average「平均で～となる」

5. 解答 (B)

訳 もし自然のまま残されていたら、ノースダコタとサウスダコタの大部分は、いまだに大草原であっただろう。

解説 if が導く節の主語は they で、Most of North and South Dakota を指す。文脈からそれらは「自然のまま残される」という意味になると思われるので受動態を用いる。助動詞 would と選択肢から仮定法であると推測する。自然のまま残されなかったという過去の事実があり、その反対の仮定を述べているので仮定法過去完了の **(B)** が正解。主節は仮定法過去、従属節は仮定法過去完了である。**(A)**、**(C)** は能動態なので不正解。**(D)** は they の後が were でなく was で、主語に合わない上、仮定法過去完了でもない。

prairie
「大草原、大牧草地」

6. 解答 (B)

訳 ハリー・トルーマンは、フランクリン・ルーズベルトの死により 1945 年に大統領に就任したばかりであったが、最高機密のマンハッタン計画の責務を負った。

解説 Harry Truman が主語。having 以下のコンマで挟まれた箇所は分詞構文なので述語は含まれず、述語動詞は空所にある。Truman が「責務を負った」ので能動態となり、過去のある時点のことなので過去形となる。**(B)** が正解。**(A)** は現在完了形、**(C)** は過去進行形なので不正解。**(D)** は現在完了形で受動態なので不正解。

assume
「～を引き受ける、～の任務に就く」

7. 解答 (D)

訳 プログロティス（片節）とは、雌雄の完全な生殖機能を持っているサナダムシの体節または節である。

解説 文の主語は proglottis で、述語動詞は is である。空所以下は segment or joint を説明している。「～を持っている体節または節」を表すには関係代名詞 which に能動態の動詞 contains が続く **(D)** が正解。**(A)** は関係詞がなく、かつ受動態なので不正解。**(B)** は動詞の使い方が不適切で前後とつながらない。**(C)** は which の後に続く節の動詞がなく、which を除いて containing だけなら可。

proglottis
「片節〈サナダムシなどの多節条虫類の体節の1つ〉」
segment
「部分、体節」
joint「節、継ぎ目」
contain「～を含む、持っている」

Lesson 9

不定詞と動名詞

▼学習ポイント

文や節の「主語と動詞」と不定詞・動名詞のつながりを確認する！

例題

Even more than tools, a suitable wood ------- the artist's conception into a proper wood carving.

(A) it transforms necessarily
(B) necessarily transforming
(C) is necessary to transform
(D) necessary for transforming

ここをおさえる!

文や節の主語と動詞を見つけ、それらと選択肢の不定詞や動名詞の関係をおさえ、不定詞・動名詞の用法が正しいか判断する。

試験では？

- 文や節の主語と述語動詞を見つける。見当たらなければ、空所に入る可能性を考える。
- 選択肢に不定詞や動名詞などが使われている場合、用法が正しいか確認する。to 不定詞の場合、名詞的用法（it is ～ to ... の構文、文や節の主語、他動詞の目的語など)、形容詞的用法（名詞の修飾語句)、副詞的用法（動詞･形容詞･副詞の修飾語句）などがある。動名詞の場合、主語・補語・目的語となり、目的語や補語を後に置く場合がある。
  主語や述語動詞とのつながりを確認する。
- 目的語に不定詞だけをとる動詞と動名詞だけをとる動詞があることにも注意する。
- 以上の点に注意して、正しい選択肢を選ぶ。

基本をおさらい

➡不定詞と動名詞については p. 22「不定詞」、p. 24「動名詞」

ここに注目!

文の主語↓　　　↓述語動詞がない

Even more than tools, a suitable wood ------- the artist's conception into a proper wood carving.

↓選択肢には動詞、不定詞、動名詞

(A) it transforms necessarily
(B) necessarily transforming
(C) is necessary to transform
(D) necessary for transforming

よって、ここには述語動詞が必要。
necessary の後には〈前置詞＋動名詞〉ではなく、to 不定詞である to transform が入る！

訳

適切な木材は、道具よりもさらに、芸術家の着想を適当な木彫作品に変えるのに必要である。

解説

文の主語は wood で、述語動詞は問題文になく空所にあることがわかる。文脈と選択肢から「木は～を変えるのに必要である」という意味になると思われるので、is necessary「必要である」の後に to transform「～を変えるのに」をつなげた **(C)** が正解。to transform は副詞的用法の不定詞で、形容詞 necessary を修飾している。

(A) は文の主語である wood の直後に主語となる it があるので不正解。

(B)、**(D)** は述語動詞がないので不正解。

語句

transform ～ into ...「～を…に変化させる」　conception「着想、思いつき」
carving「彫刻品」

解答 (C)

練習問題

空所を埋めるのに最も適した選択肢を選びましょう。

1. Frank Simonds, a reporter in the early 1900's, ------- the journalistic style currently used by many political analysts.

(A) had credited to develop

(B) is credited with developing

(C) is credited to develop

(D) credited the development

2. ------- reliable, a scientific experiment must be able to be replicated.

(A) Considered

(B) Considering

(C) To consider

(D) To be considered

3. Though the earliest oboes had only two keys, a chromatic scale could be produced by ------- similar to that used with the recorder.

(A) a use of crossing fingers technique

(B) a cross-fingered technique used

(C) using a cross-fingering technique

(D) to use a cross-fingered technique

4. In 1741 a group of African American revolutionaries ------- New York City and 35 were executed by the British government.

(A) accused for conspiring burning

(B) accused for conspiracy to burn

(C) were accused of conspiring to burn

(D) were accused of conspiracy burning

5. Since all of the principal salts in sea water occur everywhere in the same proportions, ------- as the total quantity of salt in a given amount of sea water.

(A) salinity is expressed as possibly
(B) it is possible expressing salinity
(C) to express salinity possibly
(D) it is possible to express salinity

6. Federal land grants to the states were crucial ------- American higher education in the form of state universities.

(A) to expansion
(B) the expanse of
(C) in expanding
(D) for expand

7. Being the son of a famous poet, Oliver Wendell Holmes was surrounded by an intellectually stimulating environment -------.

(A) growing up in which
(B) in which to grow
(C) to grown up in
(D) which grows up in

解答と解説

語句

1. 解答 (B)

訳 フランク・シモンズは1900年代初頭の記者であり、現在多くの政治アナリストに使われているジャーナリストとしてのスタイルを発展させた功績があると考えられている。

解説 主語はFrank Simondsであり、空所に述語動詞が入る。動詞creditはcredit ～ with ...で「～に…の功績があると思う」の意味で、文脈から「～の功績があると思われている」という受動態になることがわかる。withの後にdevelopを動名詞にしてつなげている **(B)** が正解。**(A)**、**(D)** は能動態なので不正解。**(C)** は受動態だがcreditedの後がto不定詞になっている。

credit
「～に功績があると思う、～を信じる」
analyst
「アナリスト、分析者」

2. 解答 (D)

訳 信頼性があると見なされるためには、科学実験は再現されえなければならない。

解説 主語はexperimentで、実験は「見なす」のではなく「見なされる」ものなので受動態を用いる。文脈から「見なされるために」という目的の意味を表したいので、to不定詞を副詞的に用いた **(D)** が正解。**(A)** は受動態だが「信頼できると見なされているので」といった意味になり、文脈に合わない。**(B)** は能動態なので不正解。**(C)** はto不定詞だが能動態になっている。

reliable「信頼できる」
experiment「実験」
replicate
「～を再現する、繰り返す」

3. 解答 (C)

訳 初期のオーボエにはキーが2つしかなかったが、リコーダーに使われるものに似たクロスフィンガリング技法を使って、半音階を出すことができた。

解説 文の主語はscale、述語動詞はcould be producedである。前置詞 by の後は、「クロスフィンガリングの技法を使って」の意味を表すため動名詞usingを用いた **(C)** が正解。**(A)** は冠詞がtheではなくaで技法の表し方もおかしいので不正解。**(B)** はusedが次のsimilarにつながらない。**(D)** は前置詞byの後に不定詞to useは続かない。

oboe「オーボエ」
chromatic
「半音階の」

4. 解答 (C)

訳 1741年、アフリカ系アメリカ人の革命論者の一団が、ニューヨーク市に放火をたくらんだとして告訴され、35人がイギリス政府によって処刑された。

解説 文脈から、革命論者は告訴したのではなく「告訴された」ので、accuse ～ of ...「～を…のかどで訴える」の過去形の受動態were accused ofを使う。ofは前置詞なので、後の動詞conspire

revolutionary
「革命論者」
accuse
「～を告訴する」
conspire「～しようとたくらむ」

は動名詞 conspiring となる。「～をたくらんだとして告訴された」を表す **(C)** が正解。**(A)**、**(B)** は能動態であり主語と合わない。**(D)** の名詞 conspiracy のすぐ後には burning は続かない。

execute
「～を処刑する」

5. 解答 (D)

訳 海水中の主な塩類はすべて、どこにおいても同じ割合であるので、ある特定量の海水に含まれる総塩分量として塩度を表すことは可能である。

解説 空所以下の主節には主語と述語動詞が必要だが、見当たらないので空所にあることがわかる。「～は可能である」を表すには形式主語 it と動詞 is を使い〈it is possible + to 不定詞〉の形をとる。よって、**(D)** が正解。**(A)** は意味的に as possibly が次の as the total quantity とつながらない。**(B)** は it is possible の後が動名詞になっている。**(C)** は述語動詞がない。

principal「主な」
salinity「塩度、塩分」
quantity「量」

6. 解答 (C)

訳 連邦政府から州への土地の払い下げは、州立大学という形でのアメリカ高等教育の拡充に重大な意味をもった。

解説「～を拡充するのに重要」を表すには、crucial の後に前置詞 in を置き、その後の動詞 expand を動名詞 expanding にするため **(C)** が正解。**(A)** は空所後の目的語とつながらない。**(B)** の expanse は「陸や空の広がり」を表すので不適切であり、前の crucial ともつながらない。**(D)** の for の後に動詞の原形を置くのは適切ではない。

grant「授与されたもの、助成金」
crucial「重大な」
expand
「～を拡充する」

7. 解答 (B)

訳 有名な詩人の息子であったので、オリバー・ウェンデル・ホームズは、成長するのに知的刺激に満ちた環境にいた。

解説 空所には environment を修飾する句や節が入る。〈前置詞 + 関係代名詞〉の後に to 不定詞を置き「(その中で) 成長するのに」を表す **(B)** が正解。このように、〈前置詞 + 関係代名詞〉と to 不定詞の形容詞的用法を組み合わせて名詞を修飾することがある。**(A)** は最後に in which があるなどつながりが不適切。**(C)** は to の後に過去分詞が続くことはない。**(D)** は which が主格の関係代名詞だとすれば「環境」が成長することになり、目的格だとすれば後に節の主語がない。時制もおかしい。

intellectually
「知的に」
stimulating
「刺激的な」
environment
「環境」

Lesson 10

分詞と動名詞

▼学習ポイント

「文の主語・述語動詞」「空所前後の語句」から、分詞か動名詞かを判断する！

例題

The telephone, perhaps more than any other invention, has played a significant role in ------- modern communication.

(A) the transforming of　　(B) transform
(C) having to transformed　　(D) transformation

ここをおさえる!

文の主語と述語動詞をおさえ、空所の前後を確認し（前に前置詞があるか、後ろに名詞・名詞句があるかなど）、文の構成や意味を考えて、空所に現在分詞、過去分詞、動名詞が入るかチェックする。

試験では？

- 文全体の主語と述語動詞を見つける。
- 空所の前に前置詞があるか、後ろに名詞・名詞句があるかなど、空所の前後を見て、空所に現在分詞、過去分詞、動名詞が入るかチェックする。
  例えば、空所の前に前置詞があれば動詞は動名詞の形で続くはずで、後ろに名詞・名詞句があれば、その前はそれを目的語とする動名詞や現在分詞の可能性がある。
- 文の〈主語＋動詞〉とは別にコンマで区切られて独立した部分がある場合、その最初に現在分詞や過去分詞が入って分詞構文になる可能性を考える。
- 以上の点に注意して、正しい選択肢を選ぶ。

基本をおさらい

➡分詞と動名詞については p. 24「動名詞」、p. 26「分詞」

ここに注目!

↓文の主語　↓挿入句（ここでは重要ではない）　↓述語動詞

The telephone, perhaps more than any other invention, has played a significant role in ------- modern communication.

↑前置詞　↑名詞句

↓選択肢は transform に関する語句

(A) the transforming of
(B) transform
(C) having to transformed
(D) transformation

よって、ここには transform の名詞か動名詞の形が必要で、後ろの名詞句ともつなげる必要があるはず！

訳

電話は、ことによるとほかのどんな発明よりも、現代のコミュニケーションの変化において重要な役割を果たしてきたかもしれない。

解説

文の主語は telephone、述語動詞は has played。空所の前の前置詞 in の後には名詞か動名詞が入り、かつそれを空所の後の modern communication とつなげる必要がある。前後と適切につなげるには、「現代のコミュニケーションの変化において」という意味を表す **(A)** が正解。

(B) transform は動詞の原形で、in の後に来ないので不正解。

(C) は、to の後に transformed はつながらず、意味も不適切なので不正解。

(D) transformation は名詞で、後ろの名詞句とつながる語句がないので不正解。

解答　**(A)**

練習問題

空所を埋めるのに最も適した選択肢を選びましょう。

1. -------, a solution that contains a light acid is usually recommended.

(A) For removing oil

(B) Oil removal

(C) Removal of oil

(D) Removing oil

2. ------- key equipment is necessary for the safe functioning of nuclear power plants.

(A) In cooling

(B) Cool for

(C) The cooling of

(D) Cooled of

3. The pollution caused by fertilizers is mainly the result of ------- recently treated crop land.

(A) water running off

(B) running off water

(C) the water run at

(D) water that ran at

4. Even in the eyes of many of its advocates, the welfare state is perceived as having largely failed ------- a basic level of security to its members.

(A) to providing

(B) in providing

(C) provided of

(D) provide

5. Thomas Lamont, a prominent American banker, was one of ------- of emergency loans to France and Britain during the First World War.

(A) the forces which drove the float
(B) the driving forces in the floating
(C) the drive forces in floating
(D) the driving forces to the float

6. The state of North Dakota has nine state-supported -------, a relatively large number given its small population.

(A) institutions of higher learning
(B) learned higher institutions
(C) higher institutions to learning
(D) institutions to learn higher

7. In the primary elections of 1962, Lyndon Johnson was one of the three best-known Democratic candidates, ------- John Kennedy and Hubert Humphrey.

(A) being the others
(B) the others being
(C) the others who were being
(D) who the others were

解答と解説

1. 解答 (A)

訳 油の除去には、弱い酸を含む溶液が通常推奨される。

解説 主語は solution で、述語動詞は is recommended である。文脈から空所には「油の除去のためには」という目的を表す **(A)** を入れるのが正解。前置詞 for の直後は、動名詞 removing になる。**(B)**、**(C)** は双方とも名詞句で、主節とつながらない。**(D)** の Removing は現在分詞だが、分詞構文だとすると removing の主語は solution でなければならず、意味が通らない。

語句
- **remove**「～を除去する」
- **solution**「溶液」
- **recommend**「～を推奨する」

2. 解答 (C)

訳 基幹装置を冷却することは、原子力発電所の安全な稼働にとって必要である。

解説 述語動詞は is で、その前に文の主語が必要である。文脈から、空所には「基幹装置を冷却すること」という内容が必要で、名詞句 The cooling of key equipment を作る **(C)** が正解。**(A)** は副詞句で主語にならない。**(B)** は形容詞 Cool で始まり主語にならない。**(D)** は過去分詞 Cooled で始まり主語にならない。

語句
- **nuclear**「原子力の」

3. 解答 (A)

訳 肥料による公害は、主に最近手を加えた農地から流出する水によって起こる。

解説「～から流出する水」を表すには、water の後にそれを修飾する現在分詞 running を置くため **(A)** が正解。**(B)** は running off に続くのが water になっており意味が通らない。**(C)** は water の後が現在分詞 running ではなく原形または過去分詞の run になっている。**(D)** は前置詞 at が意味として適切ではない。

語句
- **fertilizer**「肥料」

4. 解答 (B)

訳 その福祉国家は、多数の支持者の目から見ても、国民に基本的な水準の保障を提供することがほとんどできなかったと認識されている。

解説 動詞 failed の後は〈to + 動詞の原形〉か〈in + 名詞や動名詞〉になることが多い。ここでは動名詞を使った failed in providing が適切で、「提供できなかった、提供することに失敗した」を表す **(B)** が正解。**(A)**、**(C)**、**(D)** いずれも適切な形になっていない。

語句
- **advocate**「支持者」
- **welfare**「福祉」
- **security**「保障」

5. 解答 (B)

訳 トーマス・ラモントは、卓越したアメリカの銀行家であったが、第一次世界大戦中にフランスとイギリスに対して緊急債券の発行を推し進めた1人であった。

解説 分詞 driving は driving forces で「推進者」を表す。「～の発行における推進者（の1人）」という意味になる **(B)** が意味的にも通り正解。**(A)** の drove the float は意味が通らない。**(C)** の drive の後に forces はつながらない。**(D)** の driving forces と to the float がつながらない。

drive「～を推進する、動かす」
float「（債券）を発行する、（貸し付け）を取り決める」
emergency「緊急事態」

6. 解答 (A)

訳 ノースダコタ州には、州が援助している高等教育機関が9つあり、少ない人口にしては比較的大きな数である。

解説 述語動詞 has の目的語は、〈nine state-supported＋空所〉なので、空所には名詞が入る。**(A)** の動名詞 learning は「学習、学問」を表し、institutions of higher learning は「高等教育機関」を表す適切な表現である。よって **(A)** が正解。**(B)** の過去分詞 learned は名詞 institutions に結びつかない。**(C)** は to の後に learning があるのは適切ではない。**(D)** は learn higher が意味的に不適切。

relatively「比較的」
given「～を考慮すれば」

7. 解答 (B)

訳 1962年の予備選挙で、リンドン・ジョンソンは3人の最も著名な民主党候補者のうちの1人であったが、ほかの候補者は、ジョン・ケネディとヒューバート・ハンフリーであった。

解説 空所は「そしてほかの候補者は」という付帯状況を表す。現在分詞 being を使い分詞構文にするが、その主語が文の主語と異なるので、独立分詞構文にする。and the others were と同じ意味を表す **(B)** the others being が正解。**(A)** は the others と being の語順が逆。**(C)**、**(D)** は関係代名詞 who が用いられているが、成立しない形になっている。

primary election「（各政党で行う）大統領予備選挙」
Democratic「民主党の」
candidate「候補者」

Lesson 11

並列構文

▼学習ポイント

並列されている語句の「品詞と形」が合っているかチェックする！

例題

The value of a gem is influenced by its size, -------, color, and brilliance.

(A) its hardness　　(B) hardness

(C) how hard it is　　(D) hard

ここをおさえる!

並列されている語句の品詞（名詞、形容詞、動詞など）と形（過去分詞、現在分詞など）が合っているか確認する。

試験では？

- 文の主語と述語動詞を確認する。
- 等位接続詞 and や or で結ばれている語句、コンマで区切られた語句がある場合、それらの品詞（名詞、形容詞、動詞など）と形（過去分詞、現在分詞など）がそろっているかチェックする。
  文法上は可能であっても、ほかの並列語句との関係から不適切な場合もあるので、すべての選択肢に目を通して、最適なものを選ぶ。
- 以上の点に注意して、正しい選択肢を選ぶ。

ここに注目!

↓文の主語　↓述語動詞　↓名詞　↓名詞

The value of a gem is influenced by its size, -------, color, and brilliance.

↑名詞

↓選択肢には名詞、形容詞が使われている

(A) its hardness　(B) hardness
(C) how hard it is　(D) hard

よって、ここにも名詞が入るはず！

訳

宝石の価値は、その大きさ、硬さ、色、輝きに影響される。

解説

size, color, brilliance と名詞が並列されているので、空所も同じく名詞となる。**(B)** hardness が正解。

(A) は its が hardness の前にあるが、its はすでに size の前にあり、通常繰り返して使われない。後の color と brilliance にも its が使われていないことから **(A)** は不正解。

(C) は意味的にはありうるが、〈副詞＋形容詞＋代名詞＋be 動詞〉で size, color, brilliance と形がそろわず不自然なので最も適切な選択肢ではない。

(D) は形容詞なので不正解。

語句

hardness「硬さ」　brilliance「輝き」

解答 **(B)**

練習問題

空所を埋めるのに最も適した選択肢を選びましょう。

1. Before embarking on a trip across any desert, early settlers busied themselves with preparing food and water supplies, -------, and learning to plot their positions according to the location of the stars.

(A) existing maps were studied

(B) studying existing maps

(C) to study maps in existence

(D) study which maps exist

2. High in carbohydrates and -------, mangos are an excellent source of nourishment.

(A) low fat

(B) low in fat

(C) with low fat

(D) having low fat

3. A compound is made up of only one kind of molecule just as an element is -------.

(A) made of an atom

(B) of one kind of atom made up

(C) made up of only one kind of atom

(D) made from atoms only

4. -------, unlike writers of poetry or literary fiction, must follow strict guidelines in the way they format their writing.

(A) Writers of academic articles

(B) Those who wrote academic articles

(C) Academic articles are written which

(D) Written academic articles

5. Volcanic eruptions such as that of Mount St. Helena in 1980 are called explosive because they happen suddenly and -------.

(A) are violent

(B) occur in violence

(C) violently

(D) violent

6. The size of ocean waves is determined by -------, the length of time it blows, and the distance they travel across the open water.

(A) the speed of the wind

(B) wind speed

(C) the speeding wind

(D) the wind's speed

7. In order for a seed to germinate it is necessary that there be sufficient warmth, -------, and a constant supply of oxygen.

(A) moisture is adequate

(B) adequately moist

(C) a moisture of adequacy

(D) adequate moisture

解答と解説

語句

1. 解答 (B)

訳 初期の開拓者は、砂漠横断の旅に出る前に、食料や水の準備、現存する地図の研究、星の位置に従って自分の位置を地図に記す方法の習得に忙しかった。

解説 主語は settlers、述語動詞は busied。前置詞の後に来る動詞は動名詞にするので、busied themselves with の後は、preparing, learning と動名詞が並列されている。空所もそれらと並列の動名詞となるはずなので、studying を使った **(B)** が正解。**(A)** の existing は maps を修飾しており、空所全体が節になってしまっているので不正解。**(C)**、**(D)** は動名詞 preparing, learning と形がそろっておらず並列にならない。

embark「始める、乗り出す」
plot「～を地図に記す」

2. 解答 (B)

訳 炭水化物が多く、脂肪が少ないマンゴーは、優れた栄養源である。

解説 空所前の and から、空所には High in carbohydrates と並列するものが入ると考える。前置詞の in に注目すると、low in fat という同じ形の **(B)** が正解とわかる。**(A)**、**(C)**、**(D)** はどれも High in carbohydrates と並列にならない。

carbohydrate「炭水化物」
fat「脂肪」
source「源」
nourishment「栄養」

3. 解答 (C)

訳 元素がたった1種類の原子からできているように、化合物はたった1種類の分子から成っている。

解説 just as ...「ちょうど…であるように」の前と後は並列となる。前の節は、～ is made up of only one kind of ... という形なので、後の節もそれと同じ形になるものを選ぶ。よって **(C)** が正解。**(A)** は made の後に up of only one kind がなく、正解に似た形ではあるものの適切とは言えない。**(B)**、**(D)** は前の節と並列にならず意味も通らない。

compound「化合物」

4. 解答 (A)

訳 詩や文芸作品の作家とは異なり、学術論文の著者は、著作の書式の整え方に関する厳しい指針に従わなければならない。

解説 like や unlike を使うとき、人や事物を対比させて並列構文を作ることがある。ここは unlike の次の writers of poetry or literary fiction と空所が並列されているので、**(A)** Writers of academic articles が最も適切。**(B)** は過去形が不適切。**(C)** は本来なら文の述語動詞であるはずの must follow が関係詞節の動詞となってしまい、意味が通らない。**(D)** は「学術論文は」が主語となりおかしい。

literary「文芸の、文学の」

5. 解答 (C)

訳 1980年のセントヘレナ山のような火山の噴火は、突然激しく起こるので、爆発性と呼ばれる。

解説 空所にはその前の副詞 suddenly と並列させる副詞が必要なため、**(C)** violently が正解。**(A)** は〈be 動詞＋形容詞〉、**(B)** は〈動詞＋前置詞＋名詞〉、**(D)** は形容詞なので不正解。

volcanic「火山の」
eruption「噴火」
explosive「爆発性の」

6. 解答 (A)

訳 海洋の波の大きさは、風速、風が吹く時間の長さ、開水域を波が移動する距離によって決められる。

解説 この文は～ is determined by A, B, and C. の形になっていて、A、B、C が並列されている。B に当たるのが the length of time、C に当たるのが the distance they travel であるので、空所には同じような構成の the speed of the wind が最も適切で、**(A)** が正解。**(B)** は定冠詞がない。また、後に出てくる it は wind を指しているが、**(B)** の wind は「風の」という形容詞的な扱い、**(D)** は wind's となっており、そのような形では it が明確に wind を指していることがわかりにくく、**(A)** のように独立した形で wind がなければならない。**(C)** は現在分詞 speeding が次の wind につながらない。

7. 解答 (D)

訳 種が発芽するには、十分な暖かさ、適切な水分、持続的な酸素の供給が必要である。

解説 it は形式主語で、that 以下の節がその内容を指している。〈形容詞＋名詞〉の sufficient warmth や a constant supply と並列にするには、同じ〈形容詞＋名詞〉の adequate moisture が適切で、**(D)** が正解。**(A)** は〈名詞＋動詞＋形容詞〉、**(B)** は〈副詞＋名詞〉、**(C)** は〈名詞＋前置詞＋名詞〉なので不正解。なお、It is necessary that ... の構文では、that 節の中の動詞が原形または〈should＋原形〉になる。

germinate「発芽する」
sufficient「十分な」
adequate「適切な、十分な」
moisture「水分」

Lesson 12

比較

▼学習ポイント

「何と何を比較しているか」「比較関連語句があるか」から、正しい形を選ぶ！

例題

John Philip Souza is unquestionably ------- American composer of marching band music.

(A) a greatest　　(B) the greater
(C) the most great　　(D) the greatest

ここをおさえる!

形容詞や副詞の原級・比較級・最上級がどの語句を修飾しているか、その前後にどのような語句が使われているかをおさえ、比較表現が正しいか確認する。

試験では？

- 文の主語と述語動詞を確認する。
- 問題文や選択肢に形容詞や副詞の原級・比較級・最上級が含まれていたら、それがどの語句を修飾しているか、またその前後にどのような語句が使われているかチェックして、比較表現が正しいか確認する。
- 空所の前後が as ... as の場合、空所には原級が入る。空所の後に比較される対象がある場合、空所には比較級が入る。空所の後に of all など全体を表す語句が来る場合、空所には最上級が入る。
- なお、最上級が〈one of the＋最上級＋名詞〉という形で用いられるとき、数えられる名詞が複数形になることに注意する。よく使われる表現で「最も～な…のうちの１つ」を表す。
- 以上の点に注意して、正しい選択肢を選ぶ。

基本をおさらい

➡比較については p. 28「比較」

ここに注目!

↓文の主語　↓述語動詞

John Philip Souza is unquestionably ------- American composer of marching band music.

↑主語と比較される対象はない。比較級は使わない

↓選択肢には形容詞 great の比較級、最上級がある

(A) a greatest　(B) the greater
(C) the most great　(D) the greatest

よって、ここには最上級が入るはず！

訳

ジョン・フィリップ・スーザは間違いなく、アメリカの楽隊音楽の最も偉大な作曲家である。

解説

ここでは主語と比較される対象が述べられていないので、比較級は入らないとわかる。文脈から考えて、最上級を用いる。great を greatest とし、最上級の前に the をつける **(D)** が正解。
(A) は最上級の前に a をつけているので不正解（最上級に a をつけることもあるがここでは不適切）。
(B) は比較級なので不正解。
(C) は great の最上級を most great としているので不正解。

語句

unquestionably「間違いなく」　composer「作曲家」

解答　(D)

練習問題

空所を埋めるのに最も適した選択肢を選びましょう。

1. The use of make-up may well be as ------- as human civilization.

(A) the oldest

(B) old

(C) older

(D) oldest

2. The assembly lines of Henry Ford became one ------- models of 20th-century industrial production.

(A) of an influencing

(B) most influential of

(C) influence

(D) of the most influential

3. Numerous studies have shown that ------- the teacher's expectations, the greater the achievement of the student.

(A) the higher

(B) the highest

(C) as high

(D) the high

4. It is an accepted fact of the retail industry that Thanksgiving weekend in November is ------- of the entire year.

(A) a most profitable

(B) the most profitable

(C) profitable

(D) the profitable

5. The timber wolf ranges ------- its cousin the coyote.
(A) a wider area over than
(B) over a wider area than
(C) than a wider area over
(D) wider an area over than

6. Miles Lord, social activist and federal judge, believed that the judiciary should determine social policy -------.
(A) as should much the legislature
(B) as much as the legislature should
(C) as the legislature should much
(D) much the legislature should as

7. Chemical compounds which are ------- to magnets are referred to as paramagnetic substances.
(A) less strong than in attraction
(B) the less strong when attracted
(C) the least strongly attracted
(D) attracted the least strongly than

解答と解説

語句

1. 解答 (B)

訳 化粧をすることは、人類の文明と同じくらい古いことかもしれない。

解説 空所の前後にasがあり、〈as＋形容詞/副詞の原級＋as ～〉で「～と同じくらい…である」を表すので、形容詞の原級の **(B)** old が正解。**(A)**、**(C)**、**(D)** は原級ではないので不正解。

may well ～ 「おそらく～だろう」
civilization「文明」

2. 解答 (D)

訳 ヘンリー・フォードが作った組み立てラインは、20世紀の工業生産における最も影響力を持つモデルの1つとなった。

解説 主部の The assembly lines of Henry Ford を1つのものと見なし、最も影響力を持ついくつかのモデルのうちの1つととらえるので、**(D)** of the most influential が正解。〈one of the＋最上級＋名詞〉では、数えられる名詞は複数形になる。**(A)** は an と models が一致しない。**(B)** は the がなく、前後のつながりも不自然。**(C)** は influence という名詞の直後に models がありつながらない。

assembly「(機械などの) 組み立て」
influential「影響力を持つ」

3. 解答 (A)

訳 教師の期待が大きければ大きいほど、学生の達成度も高いということを、数多くの研究が示している。

解説 コンマの後に the greater があることに注目する。〈the＋比較級 ～, the＋比較級 ...〉で「～すればするほど、ますます…」を表す。〈the＋比較級〉を使っている **(A)** が正解。**(B)**、**(C)**、**(D)** は比較級を使っていない。

numerous「数多くの」
achievement「達成」

4. 解答 (B)

訳 11月の感謝祭の週末は1年のうちで最ももうかるときであるということは、小売り業界では一般的に受け入れられている事実である。

解説 fact の内容を示す that 節の中が問題。〈最上級＋of ～〉は、「～の中で最も…である」の意味で、of の後には all the months や the entire year など比較対象の全体が置かれる。空所の後が of the entire year なので空所には最上級の **(B)** を入れるのが正解。**(A)** は最上級の前に the ではなく a がついている。most を最上級ではなく「とても」の意味で用い、〈a most＋名詞〉となることもあるが、ここでは of the entire year があり最上級になるので a は不適切。**(C)**、**(D)** は最上級になっておらず、意味が通じない。

retail「小売り」
profitable「もうかる、有益な」

5. 解答 (B)

訳 シンリンオオカミは、同類のコヨーテよりも広い地域にわたって分布している。

解説 まず主語が timber wolf であることを見抜き、それに続く ranges が文の述語動詞だと考える。「～よりも広い地域」を表す a wider area than ～を使い、「～に分布する、及ぶ」を表す ranges over の後につなげる **(B)** が正解。**(A)**、**(C)**、**(D)** は語順が適切でない。

range over ～
「～に分布する、及ぶ」

6. 解答 (B)

訳 社会活動家であり連邦判事であるマイルズ・ロードは、司法機関は立法機関と同じくらい社会政策を決定するべきであると思っていた。

解説 as much as ～は「～と同じくらい」を表す。選択肢の語句から「立法機関と同じくらい」という意味になると考えられるので、この表現を使った **(B)** が正解。should の後には judiciary と同じ determine social policy が省略されている。**(A)**、**(C)**、**(D)** は、**(B)** と同様の語句が使われているが、どれも語順が不適切。

federal「連邦の」
judiciary「司法機関」
determine
「～を決定する」
legislature
「立法機関、立法府」

7. 解答 (C)

訳 磁石に最も引きつけられない化合物は、常磁性体と呼ばれる。

解説 Chemical compounds について説明する which 以下の関係詞節の中身が問われている。most の反対の意味の最上級を表す副詞 least が副詞 strongly を修飾して「(磁石に) 最も弱く引きつけられる (化合物)」を表す **(C)** the least strongly attracted が正解。**(A)**、**(B)** は意味が通じない。**(D)** は比較級で使う than を最上級の後に使っているので不正解。

attract
「～を引きつける」
paramagnetic
「常磁性の」

Lesson 13

前置詞・接続詞

▼学習ポイント

前置詞・接続詞は、「意味・用法の細かな違い」に注意して選ぶ！

例題

------- agricultural states, Wisconsin is the greatest producer of dairy products.

(A) In all　(B) Of all　(C) All a　(D) At all

ここをおさえる!

選択肢に複数の前置詞や接続詞を見つけたら、文および空所前後の構成や意味をおさえて、意味・用法の細かな違いに注意しながら、空所に入れる語句を選択する。

試験では？

- 文の主語と述語動詞を確認する。
- 選択肢に前置詞や接続詞がある場合、文および空所前後の構成や意味を考え、空所に入る品詞や意味を見極める。特に、節がある場合、その主語と動詞にも注目する。
- 品詞を混同しやすい語がある場合は、その用法の違いに注意する。
- in と at のようによく似ていて用法が重なる語は、具体的にどのように使い分けるのかを把握しておき、注意して選ぶ。
- 以上の点に注意して、正しい選択肢を選ぶ。

基本をおさらい

➡語の選択については p. 38「前置詞・接続詞」

ここに注目!

↓文の主語　↓述語動詞　↓最上級

------- agricultural states, Wisconsin is the greatest producer ...

よって、ここには最上級に関連する語句が入るはず！

↓all と前置詞または冠詞の組み合わせ

(A) In all　　(B) Of all

(C) All a　　(D) At all

訳

農業が盛んなすべての州の中で、ウィスコンシン州は乳製品の最大の生産地である。

解説

最上級を含む句 the greatest producer of dairy products とともに使い「～の中で最も…」を表しうるのは **(A)** in か **(B)** of。コンマまでの部分は通常、文末に置かれることが多いが、ここでは文頭にある。

最上級で後に all が来る場合、前置詞は of となるため **(B)** が正解。in も of もよく最上級で用いられるが、in は in Japan のように比較対象がある範囲を、of はこの例題のように比較対象自体のすべてを表す。

(C) は前置詞がなく、不要な不定冠詞 a があるので不正解。

(D) は all の前の前置詞が at なので不正解。

語句

dairy product「乳製品」

解答　(B)

練習問題

空所を埋めるのに最も適した選択肢を選びましょう。

1. Steel is so widely used in industrial manufacturing ------- for many years its production was a primary indicator of the state of the economy.
(A) when
(B) if
(C) that
(D) which

2. ------- the 1970's, a new theoretical model called "systems theory" contributed to breakthroughs in psychology, biology, and physics.
(A) At
(B) However
(C) Regardless
(D) In

3. Not until the 1930's did the varieties of corn that we now know come to be grown ------- they are today.
(A) when
(B) if
(C) as
(D) for

4. Although arsenic is one of the most commonly known poisons, ------- is also one of the most difficult to obtain.
(A) what
(B) which
(C) but
(D) it

5. Volcanoes and earthquakes are the two most significant seismic events ------- they release the enormous energy of the tectonic plates.

(A) due to

(B) even though

(C) because

(D) despite

6. Swamp willows flourish as far north as southern Canada and can be found ------- marshland provides a suitable environment.

(A) somewhere

(B) wherever

(C) there

(D) however

7. ------- many states claim to be important in determining who a political party's candidates for president will be, none but New Hampshire has proven crucial.

(A) Because

(B) When

(C) But

(D) Although

解答と解説

語句

1. 解答 (C)

訳 鉄鋼は工業生産に非常に広く使われているので、長年にわたり、その生産量は経済状況の主要な指標であった。

解説 空所の後は節で、空所の前に so があることに注目する。「とても～なので…だ」を表す so ～ that ... を作る **(C)** の接続詞 that が正解。**(A)** when、**(B)** if は意味がつながらない。**(D)** which は主格または目的格の関係代名詞として用いられても、which が導く関係詞節の主語、動詞とつながらない。

manufacturing「製造」
primary「主要な」
indicator「指標」

2. 解答 (D)

訳 1970 年代、「システム理論」と呼ばれる新しい理論モデルが、心理学、生物学、物理学の躍進に貢献した。

解説 1970's は名詞で、ここではその前には前置詞が来ると考えられる。年代を表す the 1970's の前は **(D)** の in が正解。**(A)** at は前置詞だが年号に対して適切な語ではない。**(B)** however、**(C)** regardless は前置詞ではない。

3. 解答 (C)

訳 1930 年代になるまでは、現在知られているようなさまざまな種類のトウモロコシは、今日のようには栽培されていなかった。

解説 否定語 Not で始まるため主語と動詞が倒置されている。空所の後は主語と動詞（they are）があるので、空所には節を導く接続詞が入る。文脈から「～のように、～と同様に」を表す **(C)** as が正解。they are の後には grown が省略されており、「今日栽培されているようには栽培されていなかった」ということ。**(A)** when、**(B)** if、**(D)** for も接続詞の働きがあるが、空所後とつながらない。

4. 解答 (D)

訳 ヒ素は、最も一般的に知られている毒の 1 つであるが、入手するのが最も困難なものの 1 つでもある。

解説 空所以下は主節で、空所の後に述語動詞 is があることから、ここには主節の主語が入る。文脈から主語は arsenic「ヒ素」を指すものだとわかるので、**(D)** it が正解。**(A)** what と **(B)** which は、arsenic を指しておらず、空所の後ろとつながらない。**(C)** but は逆接の意味が重複してしまうので although が導く従属節の直後には来ない。

arsenic「ヒ素」
poison「毒」
obtain「～を手に入れる」

5. 解答 (C)

訳 火山と地震は、構造プレートの巨大なエネルギーを放出するため、2つの最も主要な震動性の活動である。

解説 空所の後は節で、節の主語は they、動詞は release。したがって節の前の空所には接続詞が入る。**(B)** even though と **(C)** because が候補に残るが、意味を考えると理由を表す **(C)** because が正解。**(A)** due to、**(D)** despite は前置詞としてとらえられ、そのままその後に節は来ない。

seismic「震動性の、地震の」
tectonic「構造の」

6. 解答 (B)

訳 スワンプウィロー（北米原産のヤナギ）は、カナダ南部を北限として育ち、湿地帯が適切な環境をもたらすところならどこでも見つけられる。

解説 空所の後に〈主語＋動詞〉(marshland provides) があるので、空所には接続詞など節を導くものが必要。「湿地帯が適切な環境をもたらす」とその前の「見つけられる」をつなげるには「(〜するところは) どこでも」を表す **(B)** wherever を使うのが正解。**(A)** somewhere と **(C)** there には接続詞の働きはなく、その後と文法的につながらない。**(D)** however は接続詞のような働きをする副詞で、「どんな方法ででも」といった意味で節を導くことがあるが、文の意味が通らない。

flourish「よく育つ」
marshland「湿地帯」

7. 解答 (D)

訳 誰が党の大統領候補になるかを決める際、多くの州が自分の州が重要であると主張しているが、ニューハンプシャー州を除いては極めて重要であることが判明した州はない。

解説 none 以下が文の主節。コンマの前の部分は従属節で、それを導く接続詞が必要である。in 〜ing は「〜するとき」の意味で、who 以下「誰が党の大統領候補になるか」を決める際に、多くの党が自分の州が重要だと主張している、ということ。前半の節と後半の節は州の重要性について対比して述べているので、対比・逆接を表し、従属節の最初に来る **(D)** Although が正解。**(A)** Because、**(B)** When は対比・逆接を表す接続詞ではない。**(C)** But は従属節を導く接続詞ではない。

claim「〜を主張する」
none but 〜「〜だけ」
crucial「極めて重要な、決定的な」

Lesson 14

語順

▼学習ポイント

「動詞と修飾語句」「名詞と修飾語句」の正しい「語順」をつかむ！

例題

The sea contains about fifty times more carbon dioxide -------.

(A) than entirely the atmosphere
(B) than the entire atmosphere
(C) entire than the atmosphere
(D) than the entirely atmosphere

ここをおさえる!

文や節の構造、意味を把握し、空所の前後を見ながら、選択肢の語順が正しいか確認する。特に動詞と修飾語句、名詞と修飾語句の語順に注意する。

試験では？

- 文の主語と述語動詞を確認する。
- 4つの選択肢に、同一または類似した名詞・形容詞・副詞・動詞などが異なる順序で置かれている場合、適切な品詞が正しい順序で配置されている選択肢を見つける。特に、「動詞とそれを修飾する副詞や目的語である名詞」の語順が正しいか、また、「名詞とそれを修飾する冠詞・形容詞・形容詞句・形容詞節」の順序が正しいかチェックする。
- 以上の点に注意して、正しい選択肢を選ぶ。

ここに注目!

↓主語　↓述語動詞　↓比較の表現

The sea contains about fifty times more carbon dioxide -------.

↓さまざまな語順で形容詞 entire、副詞 entirely を使った組み合わせ

(A) than entirely the atmosphere
(B) than the entire atmosphere
(C) entire than the atmosphere
(D) than the entirely atmosphere

よって、ここには比較の表現の〈than + 名詞〉、そしてそれを修飾する形容詞が入るはず！

訳

海は、全大気中の約 50 倍もの二酸化炭素を含有している。

解説

品詞や語順に注目する。about fifty times more carbon dioxide が比較級の表現なので、空所には比較の対象を表す〈than + 名詞〉が入る。entire または entirely は名詞 atmosphere を修飾するはずなので、副詞 entirely ではなく形容詞 entire を atmosphere の前に用いる。「全大気中より」を意味する **(B)** が正解。
(A)、**(D)** は副詞 entirely の使われ方が不自然なので不正解。
(C) は名詞を修飾する形容詞 entire の位置がおかしいので不正解。

語句

carbon dioxide「二酸化炭素」　entire「全体の」

解答 **(B)**

練習問題

空所を埋めるのに最も適した選択肢を選びましょう。

1. By measuring from several locations the intervals between the tremors of an earthquake, geologists can -------.

(A) its point of origin identify
(B) identify its point of origin
(C) its origin point identify
(D) identify the origin of its point

2. Erosion is ------- recently cleared timberland.

(A) greatest in its threat to
(B) the greatest one threat
(C) one of the greatest threats to
(D) a threat greatest

3. -------, North America had lost a significant portion of its primary forests.

(A) European settlers even before they arrived
(B) Even before the arrival of European settlers
(C) Before the arrival of European settlers even
(D) The arrival of even European settlers before

4. Research suggests that behavior changes in aging men and women may be caused by -------.

(A) the shrinking gradual of the brain
(B) the brain of gradual shrinking
(C) the shrinking of the brain gradual
(D) the gradual shrinking of the brain

5. The Rhodes Scholarship, first established in 1902, ------- 32 American graduate students to study abroad at Oxford University.

(A) annually provides funds for
(B) funds provided annually for
(C) for annually provided funds
(D) provides annually for funds

6. In North America, small game refers to those animals and birds which can be hunted for sport during -------.

(A) season of a year specified
(B) the year specified a season
(C) a specified season of the year
(D) the year season specified

7. The Island of Hawaii, -------, contains two-thirds of the land area of the entire archipelago.

(A) shapely rough in triangular
(B) its rough shape is triangular
(C) roughly triangular in shape
(D) in shape triangular roughly

解答と解説

語句

1. 解答 (B)

訳 数か所から地震の振動間隔を測定することで、地質学者は震源地を特定することができる。

解説 文の主語は geologists、述語動詞は〈can＋空所の語〉となるため、動詞から始まるものを選ぶ。動詞 identify で始まり、その後に「発生の地点（＝震源地）」を表す its point of origin が続いている **(B)** が正解。**(D)** も動詞で始まっているが、the origin of its point は「地点の発生、地点の源」という意味になり不自然。**(A)**、**(C)** は、動詞 identify が目的語の後にあり語順が不適切。

interval「間隔」
tremor「振動」
geologist「地質学者」
identify「～を特定する」

2. 解答 (C)

訳 土地の浸食は、最近伐採された森林地にとって、最も大きな脅威の１つである。

解説 主語は Erosion、述語動詞は is。選択肢すべてに最上級 greatest が使われていることに注目する。〈one of the＋最上級の形容詞＋複数名詞〉は、「最も～な…の１つ」を表すので、これを用いて「～にとって最も大きな脅威の１つ」の意味となる **(C)** が正解。**(A)** は、「浸食は森林地帯への脅威において最も大きい」といったような意味になり、不自然。**(B)** は one の位置がおかしく、また次につなげる前置詞 to がない。**(D)** は greatest の使い方がおかしく、かつ前置詞 to がない。

erosion「浸食」
threat「脅威」
timberland「森林地」

3. 解答 (B)

訳 ヨーロッパからの移民の到着前でさえも、北アメリカでは、原始林の相当な部分が失われていた。

解説 コンマの後に文の主語の North America と述語動詞の had lost がある。空所には even before から始まり、「ヨーロッパからの移民の到着前でさえも」を表す副詞句の **(B)** を入れるのが正解。**(A)**、**(D)** は適切にコンマ後につながる形になっていない。**(C)** は even の位置が不適切。

settler「移民」
portion「部分」

4. 解答 (D)

訳 老いていく男女の行動の変化は、徐々に進行する脳の委縮によるものかもしれないことを、研究は示唆している。

解説 研究が示唆する内容を示す that 節の主語は behavior changes、動詞は may be caused。選択肢はいずれも名詞句で、形と意味が適切なものを選ぶ。形容詞 gradual は動名詞 shrinking を修飾して、「徐々に進行する委縮」という意味になる。shrinking の後には of the brain が置かれ「脳の委縮」を表す。「徐々に進行

shrink「委縮する、収縮する」

する脳の委縮」を表す **(D)** が正解。**(A)**、**(C)** は gradual の位置が不適切。**(B)** は「徐々に委縮することの脳」という意味になってしまう。

5. 解答 (A)

訳 ローズ奨学金は、1902 年に創設されたが、毎年 32 人のアメリカ人の大学院生にオックスフォード大学に留学する資金を提供している。

解説 文の主語は Rhodes Scholarship で、述語動詞は空所に入る。選択肢から動詞は provides または provided であることがわかり、funds はその目的語になると推測する。副詞 annually が動詞 provides を修飾し、for が funds の後に入って空所後とつながる **(A)** が正解で、「毎年〜に資金を提供している」を表す。**(B)**、**(C)**、**(D)** は語順が不適切で前後とつながらない。

annually「毎年」
fund「資金」

6. 解答 (C)

訳 北アメリカでは、猟の小さな獲物とは、1 年のうちのある特定の時期にスポーツとして狩りをすることができる動物や鳥のことをいう。

解説 前置詞 during の後の空所には名詞句が入る。過去分詞 specified の後に season of the year が続き「1 年のうちのある特定の時期」を表す **(C)** が正解。**(A)**、**(B)**、**(D)** は、語順が適切でない。

game「獲物、猟鳥、猟獣」
specify「〜を特定する」

7. 解答 (C)

訳 ハワイ島は、ほぼ三角形をしているが、全ハワイ諸島の陸地面積の 3 分の 2 を占めている。

解説 文の主語は Island of Hawaii、述語動詞は contains であり、空所は主語を説明している部分である。in shape は「形は」の意味で、「だいたい三角形をしている」を表す **(C)** が正解。**(A)** は意味が通らない。**(B)** には主語と動詞があり、文の主語と述語動詞に挟まれているが、それを主節と結びつける関係詞、接続詞などがない。**(D)** は triangular の位置など語順が不適切。

roughly「だいたい」
archipelago「群島、諸島」

Lesson 15

倒置

▼学習ポイント

「否定語で始まる文」は倒置に注意する！

例題

Only after a nine-year period as an independent republic ------- in 1845.

(A) Texas did statehood receive　(B) did Texas receive statehood

(C) Texas has received statehood　(D) was Texas received statehood

ここをおさえる!

not until や hardly などの否定語句や、only などの否定に近い語句が文頭にある場合、強調のため倒置文となり、疑問文のように主語の前に助動詞や be 動詞が来ることに注意する。

試験では？

- 文の主語と述語動詞を確認する。
- not until, no sooner, never, hardly などの否定語句や、only などの否定に近い語句が文頭にある場合、強調のため倒置文になることに注意して、空所に入れる語句の順序を確認する。主語の前に助動詞や be 動詞が来ているかチェックする。助動詞や be 動詞の時制が正しいかもチェックする。
- その際、倒置にならない（否定語が文頭に来ていない）場合と混同しないよう注意する。
- 以上の点に注意して、正しい選択肢を選ぶ。

基本をおさらい

➡倒置については p. 34「形容詞・副詞」

ここに注目!

↓only で始まる副詞句　空所の前後に文の主語、述語動詞がない↓

Only after a nine-year period as an independent republic -------
in 1845.

↓選択肢には主語の Texas と述語動詞がある

(A) Texas did statehood receive
(B) did Texas receive statehood
(C) Texas has received statehood
(D) was Texas received statehood

よって、ここには文の主語と述語動詞が入るはず。only で始まる副詞句があるので、助動詞が主語の前に来るはず！

訳

テキサスは、独立した共和国として9年間を経た後、1845年に初めて州としての地位を受け入れた。

解説

空所には文の主語と述語動詞が入る。意味上は否定語に近い副詞 only を文頭に置いて強調している倒置文なので、主語 Texas の前に助動詞 did を置く。**(B)** が正解。

(A) は主語の後に助動詞があり、かつ動詞 receive の前に目的語 statehood があるので不正解。

(C) は倒置されておらず、また過去の話に対して現在完了になっているので不正解。

(D) は受動態で、意味が通らないので不正解。

語句

republic「共和国、共和政体」　statehood「州としての地位」

解答　**(B)**

練習問題

空所を埋めるのに最も適した選択肢を選びましょう。

1. Normally transparent, only when its moisture begins to condense ------- visible.
(A) actually steam becomes
(B) steam actually became
(C) did steam become actually
(D) does steam actually become

2. Not until 1960 ------- elected president of the United States.
(A) a Catholic was
(B) was a Catholic
(C) did a Catholic
(D) a Catholic

3. In ice hockey, when the puck has crossed the blue line ------- the defensive team's zone.
(A) the attacking team may enter
(B) the attacking team it may enter
(C) may the attacking team enter
(D) may enter the attacking team

4. The temper of steel can be determined only after ------- and the forging temperature to which it has been subjected has been measured accurately.
(A) its analyze of composition
(B) has its composition been analyzed
(C) its composition has been analyzed
(D) composition it has been analyzed

5. It is not until around the age of five ------- full command of the pronunciation of their native language.

(A) when children are gain
(B) that children gain
(C) do children gain
(D) gain children the

6. Under the original system of land distribution in colonial Georgia, only -------.

(A) allowed to own property were males
(B) males were allowed to own property
(C) were males allowed to own property
(D) males allowed to own their property

7. Not until positrons were discovered in 1932 ------- the theory of negative kinetic energy.

(A) was it possible to confirm
(B) possibly was confirmed
(C) it was possible to confirm
(D) it possibly confirmed

解答と解説

1. 解答 (D)

訳 蒸気は通常、透明であるが、水分が凝結し始めるときにのみ、実際に目に見えるようになる。

解説 Normally transparent は主語を修飾する挿入句のような扱いなので除いて考える。副詞 only を前に置いて強調している倒置文なので、主節の主語 steam の前に助動詞 does を置く。**(D)** does steam actually become が正解。**(A)**、**(B)** は主語の前に助動詞がない。**(C)** は did が過去形で、when が導く節の中の begins と時制が合わない。

2. 解答 (B)

訳 1960 年までは、カトリック教徒はアメリカ大統領に選出されなかった。

解説 否定語を文頭に置いて強調している文で、倒置文になる。そのため、主語の前に be 動詞を置く。文の主語は Catholic、述語動詞は「(アメリカ大統領に) 選出される」という受動態の意味で was elected になる。be 動詞が主語の前に出ている **(B)** was a Catholic が正解。**(A)** は主語の後に be 動詞があるので不正解。**(C)** は be 動詞の was ではなく did となっている。**(D)** は be 動詞がない。

3. 解答 (A)

訳 アイスホッケーでは、パックが青い線を越えたとき、攻撃チームは守備チームのゾーンに入ってもよい。

解説 否定の語句で始まっているわけではなく、コンマの後は接続詞 when が導く従属節なので、倒置文にはならない。空所には〈主節の主語＋動詞〉が入るので **(A)** が正解。**(B)** は主語の後の代名詞 it が不要。**(C)** は主語の前に助動詞 may があり倒置文になっている。**(D)** は主語の前に〈助動詞 may ＋動詞 enter〉があるので不正解。

4. 解答 (C)

訳 鋼鉄の硬度は、その組成が分析され、鍛えられる際の温度が正確に測定された後でのみ、決定が可能となる。

解説 空所後の and 以降に節があることから、空所内にも節があり、only after 以降は and で結ばれた 2 つの節だとわかる。only があっても文頭になく、倒置文ではないので、〈主語 composition ＋動詞 has been analyzed〉の **(C)** が正解。**(A)** は動詞 analyze が名詞の入るべきところに入っている。**(B)** は主語の前に has があり倒置文になっている。**(D)** は主語の後の代名詞 it が不要。

語句

transparent「透明な」
moisture「水分、湿気」
condense「凝結する」
visible「目に見える」

puck「パック〈アイスホッケー用のゴム製の円盤〉」

temper「硬度」
composition「組成、成分」
forge「(鉄など) を鍛える」

5. 解答 (B)

訳 子供は5歳くらいになって初めて、母語の発音を完全に操ることができるようになる。

解説 It is ～ that ...の強調構文であり倒置文ではない（It is がなく Not から始まっていれば倒置が起こる)。that の後ろは〈主語＋動詞〉となるので、**(B)** が正解。**(A)** の動詞は〈be 動詞 are＋動詞の原形 gain〉であり文法的に不適切。**(C)** は主語の前に do があり倒置文になっている。**(D)** は主語の前に動詞があるので不正解。

command
「自在に使う力」
pronunciation
「発音」
native language
「母語」

6. 解答 (B)

訳 植民地時代のジョージアにおける最初の土地分配制度では、男性のみが財産を所有することを認められていた。

解説 副詞 only は males を修飾して「～のみ」を表しているだけなので、倒置文ではない。空所に入るのは、まず文の主語、次に述語動詞となる。意味からすると、受動態を用いて「男性が財産を所有することを認められていた」を表す **(B)** が正解。**(A)** は be 動詞 were と文の主語 males が文の最後にあるので不正解。**(C)** は be 動詞が主語の前にあり、倒置文になっている。**(D)** は能動態で「男性が認めていた」とあるが目的語がなく、誰に対して認めていたかが抜けていて意味が通らない。

distribution「分配」
colonial「植民地の」
property
「財産、所有物」

7. 解答 (A)

訳 陽電子が1932年に発見されて初めて、負の運動エネルギー理論を確かめることが可能になった。

解説 否定語 Not until を文頭に置いて強調している文。倒置文となるため主語の前に be 動詞を置く。be 動詞の was が主語 it の前に来る **(A)** が正解。it は形式主語で、to 以下の内容を指している。**(B)** は形式主語 it がなく、後ろともつながらない。また、it を用いずに倒置するのだとしても語順が不適切。**(C)** は be 動詞が主語 it の後にある。**(D)** は it が不明瞭であり動詞が主語の前に置かれていない。

positron「陽電子」
confirm
「～を確かめる」
kinetic「運動の」

Lesson 1
Written Expression

時制

▼学習ポイント

「いつの話なのか」に注目して、時制が正しいかチェックする！

例題

Titanium, which is (A) a special (B) and expensive metal alloy, had been used (C) principally in the contemporary manufacture (D) of airplane wings.

ここをおさえる!

動詞に下線がある場合、「時を表す語・句・節」に注目していつの話なのかを考え、時制が正しいか確認する。特に「時を表す副詞、年代、in, since, for などを伴う句」をおさえる。

試験では？

- まず文の主語と述語動詞を見つける。
- 動詞に下線がある場合、その形が正しいかを確認する。
その際「時を表す語・句・節」を見つけ、その意味をおさえることが、時制の判断の大きなヒントになる。
  1. 「時を表す句」は in, since, for などを伴うことが多いので、これらの前置詞に注意する。
  2. 「時を表す副詞や年代」、例えば once, in 1990, during the 1990's などをおさえておくと、現在時制と過去時制の取り違えの問題を容易に解くことができる。
- 変更する必要のある選択肢を選ぶ。

基本をおさらい

➡時制については p. 18「時制」

ここに注目!

↓主語は Titanium で、関係詞節の動詞は現在形の is　↓述語動詞

Titanium, which is a special and expensive metal alloy, had been used principally in the contemporary manufacture of airplane wings.

↑「現代の製造において使われている」ので現在のことである

「現代の製造において使われている」ので、それを表すには、文の述語動詞の時制を現在形または現在完了形にする必要があるはず！

訳

チタンは、特殊で高価な金属合金で、主に現代の飛行機の翼の製造において使われる。

解説

文の主語は Titanium。Titanium は「現代の製造において」使われており、関係詞節の動詞が現在形の is であることもあわせて考えると、文の述語動詞の時制を現在形または現在完了形にする必要がある。**(C)** を過去完了形 had been used ではなく、現在形 is used または現在完了形 has been used にする。

語句

alloy「合金」

解答　**(C)**　㊅had been used → ㊣is used または has been used

練習問題

正しい文にするため変更しなければならない下線部を１つだけ選びましょう。

1. The “Massachusetts Miracle,” which [A] occurred during the 1980’s, involves [B] the shifting [C] of the state’s industrial base from heavy industry [D] to high tech.

2. Sequoia National Park was being [A] established by [B] an act of the United States Congress in 1890 in order to protect [C] the giant sequoia, which is [D] the largest member of the vegetable kingdom.

3. Without the [A] concerted efforts of environmentalists during the [B] 1980’s, the California condor will have [C] become extinct [D].

4. Photography and film are the forms most commonly [A] associated with [B] contemporary visual arts, but other [C] genres ranging from performance art to architecture would have been [D] also important.

5. Because of its (A) inability to simultaneously get all four legs off (B) the ground, the elephant is the only land (C) animal that could not (D) jump.

6. *The Academic Revolution* was (A) first published in 1968 and (B) was (C) extremely influential as a historical account of higher (D) education ever since.

7. A (A) corset is a tight-fitting undergarment that (B) can be (C) widely worn (D) by women until the 1920's.

解答と解説

語句

1. 解答 (B) 誤 involves → 正 involved

訳「マサチューセッツの奇跡」は、1980年代に起こったが、重工業からハイテクへという州の産業基盤の転換を伴った。

解説 文の主語は "Massachusetts Miracle" で、それは「1980年代に起こった」とあり、過去のことを述べている。よって、述語動詞の時制は、現在形 involves ではなく、過去形 involved にする必要がある。

miracle「奇跡」
shifting「転換」

2. 解答 (A) 誤 was being → 正 was

訳 セコイア国立公園は、植物界の最も大きな構成員であるジャイアントセコイアを保護するために、アメリカ議会の法令により1890年に創設された。

解説 文の主語の Sequoia National Park は、1890年に「創設されつつあった」ではなく、「創設された」とすることが意味上適切である。よって述語動詞の時制は、過去進行形 was being established ではなく、過去形 was established にする必要がある。なお、国立公園の創設は過去の話だが、ジャイアントセコイアについての説明は不変の事実なので、**(D)** は現在形で正しい。

congress「議会、国会」
giant sequoia「ジャイアントセコイア」
vegetable kingdom「植物界」

3. 解答 (C) 誤 will have → 正 would have

訳 1980年代に環境保護論者の一致団結がなかったら、カリフォルニアコンドルは絶滅していたであろう。

解説 文の主語は California condor である。ここでの without は「もし～がなかったら」という意味。**(C)** の時制は未来完了形だが、過去にあったことについて書かれている前半と合わない。実際にそれはあったのだがもしなかったら、という過去の事実に反する仮定を表しているので、述語動詞を仮定法過去完了にする。よって will have become extinct ではなく、助動詞の過去形 would を使い would have become extinct にする必要がある。

concerted「一致した」
extinct「絶滅した」

4. 解答 (D) 誤 would have been → 正 are

訳 写真と映画は、現代の視覚芸術と最もよく結びつけて考えられる形式であるが、パフォーマンスアートから建築に至るまでのほかのジャンルも重要である。

解説 コンマの前と後、2つの節を but が結んでいる。コンマより前の節の述語動詞は現在形 are で、現在のことを述べている。それと同様にコンマより後の節の述語動詞の時制も、現在「重要である」ことを表す現在形が適当であり、仮定法過去完了を表す would have been also important ではなく、are also important にする必要がある。

photography「写真（術）」
range「及ぶ、分布する」
architecture「建築」

5. 解答 (D) ㊙could not → ㊣cannot

訳 4本の足すべてを同時に地面から浮かすことができないので、ゾウはジャンプできない唯一の陸上動物である。

解説 文の主語はelephant、述語動詞は現在形isであり現在のことを述べている。それと同様に関係詞節の述語動詞も、意味上「ジャンプができない」ことを表す現在形が適当であり、時制は過去形could not jumpではなく、現在形cannot jumpにする必要がある。

simultaneously
「同時に」

6. 解答 (C) ㊙was → ㊣has been

訳『大学革命』は、1968年に最初に出版されたが、その後ずっと、高等教育についての説明の歴史的な本として非常に影響を与えてきた。

解説 文の主語は*The Academic Revolution*、述語動詞は2つある。1番目は「1968年に出版された」ので過去形was publishedである。2番目はever since「その後ずっと」を伴っているので、述語動詞は「影響を与えてきた」を表す語句が適切で、時制は過去形was extremely influentialではなく、現在完了形has been extremely influentialにする必要がある。

extremely
「非常に、きわめて」
influential
「影響力の大きい」

7. 解答 (C) ㊙can be → ㊣was

訳 コルセットは、1920年代まで女性の間で広く着用された体にぴったりとした下着である。

解説 文の主語はcorset、述語動詞はisで、thatが導く関係詞節の動詞の時制は、「1920年代まで」とあるので過去形で「着用された」を意味する語句が適切である。動詞は現在形can be wornではなく、過去形was wornにする必要がある。

undergarment
「下着」

Lesson 2

句と節

▼学習ポイント

「節には主語と動詞が必要」だが句には不要である点に注意する！

例題

Historians now (A) acknowledge that (B) the participation of African American soldiers was essential that (C) the Union to prevail in (D) the Civil War.

ここをおさえる!

通常、節には主語と動詞が必要であり、句には不要であることに注意し、適切な句や節になっているかチェックする。

試験では？

- まず文の主語と述語動詞を見つける。
- 次に句や節の一部または全体が下線部である場合、通常、節には主語と動詞が必要であり、句はそうでないことに注意し、適切な句や節が作られているか確認する。また下線部が何を修飾しており、どのような働き・意味の句または節なのか確認する。
- 変更する必要のある選択肢を選ぶ。

基本をおさらい

➡句と節については p. 16「文・動詞」

ここに注目!

↓主語　　　↓述語動詞　　　↓that 節の主語

Historians now acknowledge that the participation of African American soldiers was essential that the Union to prevail ...

節の動詞↑　　　↑ここで essential の後に that は来ない

ここでは essential の後は節にはならないので、接続詞 that は使えないはず！

訳

アフリカ系アメリカ人兵士の参戦は、南北戦争において北部諸州が勝つのに不可欠であったと、歴史家は今や認めている。

解説

essential は、It is essential that ～「～は不可欠である」という言い方はできるが、it を用いずに〈主語 + be + essential〉の後に that に導かれる節を続けることはできない。また、that の後には動詞がなく、節として成り立ってもいない。**(C)** は接続詞 that ではなく、前置詞 for にする必要があり、was essential for ～ to ... の形にして、「～が…するのに不可欠であった」という意味にする。

語句

the Union「(南北戦争の) 北部諸州」　prevail「勝つ」　the Civil War「南北戦争」

解答　**(C)**　㊙that → ㊣for

練習問題

正しい文にするため変更しなければならない下線部を1つだけ選びましょう。

1. $\underset{\text{A}}{\underline{\text{Somewhat}}}$ similar $\underset{\text{B}}{\underline{\text{in appearance}}}$ to marble, onyx is a variety of quartz $\underset{\text{C}}{\underline{\text{when}}}$ white layers alternate $\underset{\text{D}}{\underline{\text{with black}}}$.

2. $\underset{\text{A}}{\underline{\text{In}}}$ many monasteries, the church is constructed on a grand scale, $\underset{\text{B}}{\underline{\text{which}}}$ often having little relationship $\underset{\text{C}}{\underline{\text{to}}}$ the number $\underset{\text{D}}{\underline{\text{of}}}$ potential worshipers.

3. $\underset{\text{A}}{\underline{\text{In}}}$ 1921, Frederick Banting, $\underset{\text{B}}{\underline{\text{a}}}$ Canadian orthopedic surgeon, $\underset{\text{C}}{\underline{\text{became}}}$ the first person $\underset{\text{D}}{\underline{\text{who}}}$ isolate the hormone insulin.

4. $\underset{\text{A}}{\underline{\text{A busy}}}$ river port, Morgantown $\underset{\text{B}}{\underline{\text{is vital}}}$ $\underset{\text{C}}{\underline{\text{to}}}$ the economy of West Virginia $\underset{\text{D}}{\underline{\text{in that}}}$ its proximity to Pittsburgh.

5. Whether (A) the idea that (B) meteors frequently originate as fragments of asteroids has (C) become commonly accepted by (D) astronomers.

6. The irresistible human tendency if attributing (A) human characteristics and emotions to (B) animals is known (C) as (D) anthropomorphism.

7. Polyps are growths as (A) protrude from (B) the wall of a body cavity that is lined with (C) a mucous membrane, such as (D) the intestines or throat.

解答と解説

1. 解答 (C) 誤when → 正in which

訳 オニキスは、外見上大理石とある程度似ているが、白い層と黒い層が交互にある石英の種類である。

解説 文の主語はonyx、述語動詞はis。後半部分はonyx is a variety of quartz, and in it white layers ... の意味で、and in it を〈前置詞＋関係代名詞〉のin which に置き換えることができるので、when ではなく、in which にする必要がある。関係副詞 when は時を表す語を先行詞とするので、この文の先行詞 quartz とはつながらない。

2. 解答 (B) 誤which → 正which を削除

訳 多くの修道院では、教会は大規模に建築されるが、それは見込まれる礼拝者の数とはほとんど関係ないことがしばしばである。

解説 文の主語はchurch、述語動詞はis constructed。2つ目のコンマの後は分詞構文としてhaving があり、**(B)** の関係代名詞 which は不要なので削除する必要がある。もし関係代名詞 which を使うのであれば、... scale, which often has little ... としなければならない。

3. 解答 (D) 誤who → 正to

訳 1921年、カナダの整形外科医のフレデリック・バンティングは、ホルモンであるインシュリンを分離した最初の人になった。

解説 文の主語はFrederick Banting、述語動詞はbecame。person の後ろに関係詞節を置くなら、節には動詞の過去形 isolated が必要であるが、ここではisolate になっている。よって、**(D)** は who ではなく、to にして to isolate で始まる形容詞句にする必要がある。

4. 解答 (D)

誤in that → 正due to または because of

訳 モーガンタウンは、にぎやかな川の港であり、ピッツバーグに近いので、ウェストバージニア州の経済にとってきわめて重要である。

解説 最後のits proximity to Pittsburgh には動詞がないので節ではなく句であることがわかる。句なので、in that「…だから」ではなく、due to や because of などを用いる必要がある。**(D)** in that は接続詞なので、この後に主語と動詞なしでは正しい文が成立しない。

語句

appearance「外見、外観」
marble「大理石」
quartz「石英」
layer「層」
alternate「交互になる」

monastery「修道院」
construct「～を建築する」
potential「可能性がある」
worshiper「礼拝者」

orthopedic「整形外科の」
surgeon「外科医」
isolate「～を分離する」

vital「きわめて重要な」
proximity「近いこと」

5. 解答 (A) 誤Whether → 正Whetherを削除

訳 いん石はしばしば小惑星の破片として生じるという考えは、天文学者には普通に受け入れられるようになった。

解説 (A) の接続詞 Whether は節を導くことが多いが、この文にはその節の動詞がない。文全体の主語は idea、述語動詞は has become accepted と考え、that が導く節（idea の中身を示す）の主語は meteors、動詞は originate とすると意味が通り、whether は不要となるので削除する必要がある。

meteor「いん石」
originate「生じる」
fragment「破片」
asteroid「小惑星」
astronomer「天文学者」

6. 解答 (A)

誤if attributing → 正of attributing または to attribute

訳 人間の特徴や感情が動物にあると考えようとする人間の抑え難い傾向は、擬人化として知られている。

解説 文の主語 tendency と述語動詞 is known の間の if ... animals は tendency を説明しているが、そこに動詞がないという点に注目する。if の後に句が来ていることになるので、節を導くはずの if ではおかしいことがわかる。(A) は if attributing ではなく、of attributing または to attribute にする必要がある。

irresistible「抑え難い」
attribute ～ to ...「(性質など) が…にあると考える」
anthropomorphism「擬人化」

7. 解答 (A) 誤as → 正which または that

訳 ポリープは、腸やのどのような、粘膜で覆われている身体の空洞部分の壁から突出するできものである。

解説 文の主語は Polyps、述語動詞は are。as 以降は growths を説明していると考えられるが、growths とその後の protrude を、as ではつなぐことができない。growths を先行詞として which または that を用い、「突出するできもの」を表す必要がある。

protrude「突出する」
cavity「空洞」
mucous membrane「粘膜」
intestines「腸」
throat「のど」

Lesson 3

関係代名詞とほかの代名詞

▼学習ポイント

関係詞も代名詞も、まずは「何を指しているか」を確認する！

例題

Andy Warhol was an influential artist (A) which (B) creations earned him (C) critical (D) acclaim around the world.

ここをおさえる!

関係詞や代名詞に下線がある場合、「文や節の主語と動詞」に注目して、関係詞や代名詞が何を指しているかを確認し、正しく使われているかチェックする。

試験では？

- 文全体の主語と述語動詞を確認する。
- 下線部に関係詞が含まれていたら、関係詞節の主語と動詞を確認する。次に、関係詞節が修飾している名詞（先行詞）を見つけ、who, whose, which, what などの関係詞の働きが正しいか確認する。
- 下線部に関係代名詞以外の代名詞（his, him, her, it, they, them など）が含まれていたら、それがどの名詞を指しているか見極め、代名詞が正しいか確認する。
- 関係代名詞とほかの代名詞の使い方の違いにも注意する。
- 変更する必要のある選択肢を選ぶ。

基本をおさらい

➡関係代名詞とほかの代名詞については p. 30「関係詞」、p. 33「名詞・代名詞」

ここに注目!

先行詞は artist↓　↓関係詞節の最初の部分は、「その芸術家の作品」を表している

↓文の主語と述語動詞

Andy Warhol was an influential artist which creations earned him critical acclaim around the world.

よって関係詞節の最初は、関係代名詞の所有格にする必要があるはず！

訳

アンディ・ウォーホルは、作品が世界中で批評家から称賛を浴びた影響力のある芸術家であった。

解説

creations「作品」は artist「芸術家」のものであるので、先行詞 artist を説明する関係詞節の最初は、主格または目的格の関係代名詞 which では不適切。「artist の creations」という意味で 2 つの語を結びつける所有格の whose にする必要がある。

語句

acclaim「称賛、喝采」

解答　(B)　㊥which → ㊣whose

練習問題

正しい文にするため変更しなければならない下線部を１つだけ選びましょう。

1. The common fox is (A) reddish in color (B), but a few (C) of they (D) are silver.

2. Frank Lloyd Wright designed an astonishing variety (A) of buildings, some of (B) that (C) as homes and others as (D) public facilities.

3. None (A) of the first (B) three presidents was themselves (C) an American citizen at birth (D).

4. Susan B. Anthony, one of the leading suffragettes, would her (A) never live to see (B) the fulfillment (C) of her efforts to get women (D) the right to vote.

5. Franklin Roosevelt, <u>who</u> (A) presidential policies <u>were condemned</u> (B) by conservatives, later <u>became admired</u> (C) for <u>his</u> (D) strict handling of the government.

6. <u>Surprisingly</u> (A), the metric system is actually <u>the only system</u> (B) of measurement <u>what</u> (C) has been formally approved <u>by</u> (D) the United States Congress.

7. Perhaps the most important <u>of all</u> (A) the American <u>inventions</u> (B) of the 1840's was the telegraph, <u>when</u> (C) Samuel Morse <u>first</u> (D) demonstrated in 1844.

解答と解説

語句

1. 解答 (D) 誤 they → 正 them

訳 普通のキツネは赤みがかった色をしているが、数種類は銀色である。

解説 a few of の後では、代名詞は主格ではなく目的格となるので、**(D)** は they ではなく them にする必要がある。

reddish「赤みがかった」

2. 解答 (C) 誤 that → 正 them

訳 フランク・ロイド・ライトは、驚くほど多様な建物を設計したが、その中には住宅としてのものもあれば、公共施設としてのものもある。

解説 some of の後では、可算名詞の場合は複数になり、ここでは buildings を表すので、代名詞は them にする必要がある。

astonishing「驚くような」
facility「施設」

3. 解答 (C) 誤 themselves → 正 himself

訳 初代から3人の大統領は誰も、誕生時はアメリカ国民ではなかった。

解説 主語 None of the first three presidents の none は単数・複数扱いどちらも可能だが、述語動詞は was なのでここでは単数扱いになっていることがわかる。再帰代名詞は themselves ではなく himself にする必要がある。

citizen「国民、市民」

4. 解答 (A) 誤 her → 正 herself

訳 スーザン・B・アンソニーは、指導的な婦人参政権論者の1人であったが、女性に投票権を得させる努力が報われるのを自分自身は生きて見ることはなかった。

解説 would と never の間には、所有格や目的格の代名詞 her は入らず、「自分自身は」を意味する強意の用法の代名詞 herself にする必要がある。

suffragette「婦人参政権論者」
fulfillment「遂行、実現」

5. 解答 **(A)** 誤 who → 正 whose

訳 フランクリン・ルーズベルトは、大統領としての政策を保守派に非難されたが、政府を厳しく指揮したので後に称賛されるようになった。

解説 presidential policies は Franklin Roosevelt の政策であるため、関係代名詞は主格 who ではなく、「その彼の」に当たる所有格の whose にして、「彼の大統領としての政策」という意味にする必要がある。関係詞節は主語が policies、動詞が were condemned。

condemn「～を非難する」
conservative「保守派」
admire「～を称賛する」

6. 解答 **(C)** 誤 what → 正 that

訳 驚いたことに、メートル法は、実際にはアメリカ議会で公式に承認された唯一の計量法である。

解説 主語は metric system、述語動詞は is。動詞 has been approved がどこにつながるのかを考える。文脈から system of measurement を説明しているとわかるので、それを先行詞として、what ではなく主格の関係代名詞 that にする必要がある。なお、先行詞に only がある場合、which よりも that が好まれる。

approve「～を承認する」
congress「議会、国会」

7. 解答 **(C)** 誤 when → 正 which

訳 1840 年代のアメリカのすべての発明のうちで最も重要なものはもしかすると電報であるかもしれないが、それはサミュエル・モースが 1844 年に初めて実演した。

解説 コンマの後は telegraph を説明する関係詞節のはずである。節の主語は Samuel Morse、動詞は demonstrated であり、「それはサミュエル・モースが 1844 年に初めて実演した」を表している。節の最初は、時間を表す関係副詞 when ではなく、関係代名詞の目的格 which にする必要がある。なお、コンマがつく非制限用法には関係代名詞 that は使えない。

telegraph「電報」

Lesson 4 一致

▼学習ポイント

「動詞と主語」「代名詞と名詞」の「人称と数」の一致をチェックする！

例題

The Saskatchewan wilderness are (A) composed of a vast (B) network of lakes (C), streams, and waterways (D).

ここをおさえる！

「動詞と主語」が「人称と数」の点で一致しているかをおさえる。また「代名詞と名詞」が「人称と数」の点で一致しているかチェックする。

試験では？

- まず文全体の主語と述語動詞を確認する。
- 文や節の主語と述語動詞の、いずれかまたは両方が下線部である場合は、人称と数の点で一致しているか確認する。特に、三人称単数現在の場合に注意。
- 代名詞とそれが指す名詞の、いずれかまたは両方が下線部になっている場合は、人称と数の点で一致しているか確認する。
- 変更する必要のある選択肢を選ぶ。

基本をおさらい

➡主語と動詞の一致については p. 16「文・動詞」

ここに注目!

↓文の主語 wilderness は単数形だが、述語動詞は are

The Saskatchewan wilderness are composed of a vast network of lakes, streams, and waterways.

文の主語は単数形なので、それに合わせて述語動詞も三人称単数現在形にする必要があるはず！

訳

サスカチュワン州の荒野は、湖、小川、水路の広大な連なりから成り立っている。

解説

文の主語 The Saskatchewan wilderness は単数形なので、それに合わせて述語動詞は are composed ではなく、三人称単数現在形の is composed にする必要がある。

語句

wilderness「荒野」　be composed of ～「～で構成される」　stream「小川」

解答 (A) 誤are → 正is

練習問題

正しい文にするため変更しなければならない下線部を１つだけ選びましょう。

1. The atmosphere [A] around the Earth has been likened [B] to skin which protect [C] a biological organism [D].

2. Carbon-dating, which requires [A] that a small portion of the dated item [B] be destroyed, offer [C] archaeologists an approximate but valuable means [D] of identifying historical artifacts.

3. Though it is found in a wide variety of [A] locations and flourish [B] in diverse forms [C], the fungus is one of the simplest living organisms [D].

4. Because it is dependent [A] upon blood for oxygen, brain tissues [B] begins to die [C] within five minutes after the heart stops [D].

5. The market price of platinum, like those (A) of gold or silver, is determined (B) by a combination of factors (C) including current supply, future production, and projected demand (D).

6. Among the Confederacy's chief mistakes (A) at the outset (B) of the Civil War was their (C) failure to take into account an inferior manufacturing base (D).

7. Relative to its (A) size, fleas are among (B) the most accomplished jumpers (C) in the animal kingdom (D).

解答と解説

語句

1. 解答 (C) 誤protect → 正protects

訳 地球を取り巻く大気は、有機体を保護する皮膚に例えられている。

解説 関係代名詞 which の先行詞は単数形の skin なので、それに合わせて動詞は protect ではなく、三人称単数現在形の protects にする必要がある。

atmosphere「大気」
liken「～を例える」
organism「有機体、生物、生体組織」

2. 解答 (C) 誤offer → 正offers

訳 放射性炭素年代測定法は、測定されるもののわずかな部分を壊さなければならないが、歴史的な人工遺物を鑑定するのに、おおよそではあるが価値のある手段を考古学者に提供している。

解説 主語の Carbon-dating は単数形なので、それに合わせて述語動詞は offer ではなく三人称単数現在形の offers にする必要がある。主語と述語動詞が離れている場合、見落としてしまうことがあるので要注意。

carbon-dating「放射性炭素年代測定法」
archaeologist「考古学者」
approximate「おおよその」
artifact「人工遺物、工芸品」

3. 解答 (B) 誤flourish → 正flourishes

訳 菌類は多様な場所で見つかり、さまざまな形態で繁殖しているが、生きている最も単純な有機体の1つである。

解説 Though に導かれる従属節の主語は it で、動詞が2つあり、最初の is 同様、次の動詞は flourish ではなく三人称単数現在形の flourishes にする必要がある。

flourish「繁殖する」
diverse「さまざまな」
fungus「菌類」

4. 解答 (B) 誤brain tissues → 正brain tissue

訳 脳組織は酸素の供給を血液に依存しているので、心停止から5分以内で死滅し始める。

解説 動詞が三人称単数現在の begins であり、従属節の主語が単数形の it なので、それらに合わせて brain tissues を brain tissue にする必要がある。tissue は「(動植物の) 組織」を表し、数えられる場合と数えられない場合があるが、ここでは数えられないので冠詞はつかない。

oxygen「酸素」
tissue「組織」

5. 解答 (A) 誤 those → 正 that

訳 プラチナの市場価格は、金や銀のそれと同様に、現在の供給量、将来の生産量、そして推定される需要量を含む要素の組み合わせによって決まる。

解説 The market price of platinum と those of gold or silver が比較されているので、those が指すものは market price であるはず。price は単数形なので、それに合わせて代名詞は複数形の those ではなく単数形の that にする必要がある。gold と silver という 2 つのものが挙がっていても、or で結ばれているため複数の those にはならない点に注意する。

current「現在の」
supply「供給、供給量」
project「〜を推定する」

6. 解答 (C) 誤 their → 正 its

訳 南北戦争の始まりで南部連合が犯した主な間違いの 1 つは、劣勢な製造業の基盤を考慮に入れなかったことであった。

解説 〈前置詞＋名詞〉で始まって倒置が起きているパターンで、主語は failure、述語動詞は was。文脈から their は Confederacy を指しているはずで、Confederacy は単数形なので、それに合わせて代名詞は複数形の their ではなく単数形の its にする必要がある。

Confederacy「南部連合」
outset「始まり」
manufacturing「製造業」

7. 解答 (A) 誤 its → 正 their

訳 大きさの割に、ノミは動物界において最も優れたジャンプの達人に含まれる。

解説 fleas が複数形なので、それを指す代名詞の所有格は単数形 its ではなく複数形 their にする必要がある。

flea「ノミ」
accomplished「優れた、熟達した」
kingdom「〜界」

Lesson 5

準動詞と動詞

▼学習ポイント

「述語動詞の存在」を確認し、「修飾関係」に注目して、準動詞をチェックする！

例題

In solvents such as (A) water, strong electrolytes appearing (B) to be (C) completely ionized (D).

ここをおさえる！

文に述語動詞があるか確認するとともに、準動詞（不定詞、分詞、動名詞）に下線がある場合、その前後の句や節との修飾関係に注目して、不定詞、分詞、動名詞、動詞が正しく使われているか確認する。

試験では？

- まず文全体の主語と述語動詞を確認する。
- 準動詞に下線がある場合、その前後の修飾関係に注意しながら、前に to を伴ってほかの語句を修飾しているなら to 不定詞、ほかの語句や文全体を修飾する句を導いているなら分詞、名詞の働きをしているなら動名詞、などそれぞれ適切な形になっているかチェックする。
  例　live
  The student has been saving money to (　　) in a city.〈live：to 不定詞〉
  (　　) in a city, the student often goes to the opera.〈living：分詞〉
  The student considered the advantages of (　　) in a city.〈living：動名詞〉
- 文の述語動詞が見当たらない場合は、準動詞になっているものが本当は述語動詞ではないか、チェックする。
- 変更する必要のある選択肢を選ぶ。

基本をおさらい

➡準動詞については p. 22「不定詞」、p. 24「動名詞」、p. 26「分詞」

ここに注目!

文の主語↓　　　　↓述語動詞ではない

In solvents such as water, strong electrolytes appearing to be completely ionized.

文に述語動詞がない。文の主語 electrolytes に合う述語動詞にする必要があるはず！

訳

水のような溶媒中では、強電解質は完全にイオン化されるようである。

解説

文の主語は electrolytes だが、述語動詞が見当たらない。**(B)** は動詞の分詞または動名詞の appearing ではなく、動詞の現在形 appear にする必要がある。

語句

solvent「溶媒」　electrolyte「電解質」　ionize「～をイオン化する」

解答　**(B)**　㊫appearing → ㊣appear

練習問題

正しい文にするため変更しなければならない下線部を１つだけ選びましょう。

1. The Constitution became (A) more acceptable to the American public after (B) the first Congress, response (C) to criticism, passed a series of amendments known (D) as the Bill of Rights.

2. Built from (A) the skeletons of once-living (B) organisms, coral reefs undergo (C) a slow process of accretion to forming (D) islands called atolls.

3. Eliza Scidmore, who authored (A) some of the first travel (B) books on (C) Alaska, born (D) in Iowa in 1856.

4. A newly formed (A) human embryo, develop (B) by increments in the early stages of pregnancy (C), has a distinctly (D) human shape at the age of two months.

5. The just-in-time management system, adopted by some American manufacturers (A) in the early 1980's, proving (B) highly effective in increasing (C) economic efficiency (D).

6. The first systematic soil surveys (A) in the United States not being (B) conducted (C) by the Department of Agriculture until the very end (D) of the 19th century.

7. As the railroads expanded westward (A) in the mid-19th century, they (B) issued (C) bonds and other forms of paper debt to financing (D) their growth.

解答と解説

語句

1. 解答 (C) 誤 response → 正 responding

訳 憲法は、最初のアメリカ議会が批判に応えて権利章典として知られる一連の修正案を可決した後、アメリカ国民により満足できるものになった。

解説 文の主語は Constitution、述語動詞は became で、after の後に従属節がある。その節は、Congress が主語で passed が動詞。主語と動詞の間の挿入句は「批判に応えて」の意味になるべきなので、**(C)** は名詞 response ではなく、動詞の現在分詞形 responding にする必要がある。

constitution「憲法」
amendment「修正（案）」
the Bill of Rights「権利章典」

2. 解答 (D) 誤 forming → 正 form

訳 サンゴ礁は、かつて生きていた生物の骨から作られているが、環礁と呼ばれる島々を形成するためのゆっくりした増大過程を経ている。

解説 文の主語は coral reefs、述語動詞は undergo で、冒頭からコンマまでの部分は主語について説明している。to 以下は名詞句 process of accretion を修飾する形容詞句。「形成するための」を表す to 不定詞は、to forming ではなく to form にする必要がある。

undergo「～を経る、体験する」
accretion「増大、付着物」
atoll「環礁」

3. 解答 (D) 誤 born → 正 was born

訳 イライザ・シドモアは、アラスカ州に関する最初の旅行書を数冊書いた人物だが、1856 年にアイオワ州で生まれた。

解説 コンマに挟まれている節は文の主語 Eliza Scidmore を修飾している形容詞節。その後に述語動詞が来るが、「生まれる」は〈be 動詞 + born〉で表すので、**(D)** は be 動詞の過去形を入れて was born にする必要がある。

author「～を著作する」

4. 解答 (B) 誤 develop → 正 developing

訳 新しく形成された人間の胎児は、妊娠初期の段階で一定量ずつ発達し、2 か月で明らかに人間の形になる。

解説 embryo が文の主語であり、述語動詞は has。コンマで挟まれている句は主語を修飾しているので、**(B)** は動詞の原形 develop ではなく現在分詞 developing にする必要がある。なお、**(D)** distinctly は形容詞 human を修飾しており、正しく使われている。

embryo「胎児」
increment「増加（量）」
pregnancy「妊娠」

5. 解答 **(B)** 誤 proving → 正 proved

訳 かんばん方式管理システムは、1980年代初頭にアメリカの一部のメーカーに採用されたが、経済効率を高めるのに非常に効果的であることがわかった。

解説 just-in-time management system が主語。その後のコンマで挟まれた部分は主語を修飾する形容詞句で、adopted は過去分詞である。その句の後に述語動詞が必要なので、proving ではなく proved にする必要がある。

just-in-time「かんばん方式の、ジャストインタイム方式の〈在庫を最小限にしてコスト削減を図るシステム〉」
adopt「～を採用する」
effective「効果的な」
efficiency「効率」

6. 解答 **(B)** 誤 not being → 正 were not

訳 アメリカでの最初の組織的な土壌調査は、19世紀の最後の最後になって初めて農務省によって行われた。

解説 文の主語は soil surveys だが、述語動詞がない。19世紀のことなので過去形で、調査が「行われた」を表す受動態を使う。動詞は not being conducted ではなく were not conducted にする。

soil「土壌」
agriculture「農業」

7. 解答 **(D)** 誤 financing → 正 finance

訳 19世紀中ごろ、鉄道が西部に伸びるにしたがって、発展に必要な資金を調達するため、債券やほかの形の負債証書が発行された。

解説 to 以下は述語動詞 issued を修飾する副詞句で、to 不定詞の副詞的用法「～するために」を使う。to の後は financing ではなく、原形 finance にする必要がある。

issue「～を発行する」
bond「債券」
debt「負債」
finance「～の資金を調達する」

Lesson 6

不定詞・分詞・動名詞

▼学習ポイント

不定詞・分詞・動名詞は、前後の「前置詞」「動詞」で見抜く！

例題

Run (A) is one of the most popular and practical (B) forms of (C) aerobic training (D).

ここを おさえる!

不定詞、分詞、動名詞のいずれが正しいか判断するときは、その前後の前置詞、動詞に特に注目する。

試験では？

- まず文全体の主語と述語動詞を確認する。
- 前後の前置詞や動詞などとの準動詞の関係を確認し、正しい形であるかチェックする。
- 不定詞か動名詞かの判断が要求されるときは、次の点に注意する（p. 90, 156 も参照）。
  1. 不定詞は前置詞の目的語にならないが、動名詞は前置詞の目的語になる。
  2. 不定詞だけを目的語にとる動詞（decide, hope など）、動名詞だけを目的語にとる動詞（admit, avoid など）、両方を目的語にとる動詞（begin, continue など）がある。
  3. 不定詞を用いた定型表現（It is ～ to ... など）と、動名詞を用いた定型表現（feel like ～ing, worth ～ing など）がある。
- 分詞と動名詞の区別については p. 96 を参照。
- 変更する必要のある選択肢を選ぶ。

基本をおさらい

➡準動詞については p. 22「不定詞」、p. 24「動名詞」、p. 26「分詞」

ここに注目!

↓述語動詞は is で、文の主語がない

Run is one of the most popular and practical forms of ...

述語動詞の前には文の主語が必要なはず！

訳

走ることは有酸素性トレーニングの最も一般的で実際的な形態の１つである。

解説

述語動詞 is の前に文の主語がない。文脈から考えて文の主語「走ること」が来るはずなので、**(A)** は run ではなく動名詞 running にする必要がある。run には名詞もあるが、go for a run「走りに行く」、a run of two months「2 か月続くこと」など用いられる意味は限られており、また数えられる名詞として使われるため通常冠詞が必要なので、ここでは run のままでは使わない。

解答 (A) ㊫Run → ㊣Running

練習問題

正しい文にするため変更しなければならない下線部を 1 つだけ選びましょう。

1. Many of the excesses (A) of the McCarthy era resulted from (B) the widespread being use (C) of Cold War propaganda to justify (D) a military build-up.

2. Seek to (A) counter the massive support of Southern blacks for (B) the Democratic Party, the Nixon campaign aimed (C) its advertising (D) at white voters.

3. Thomas Jefferson, the country's third president (A), helped designing (B) the first paper currency used (C) in the early days (D) of the Republic.

4. Keynesian economics attempts (A) to stimulate (B) the economy through (C) governmental spend (D).

5. Some inner city basketball players may be initially resistant to
A B
coaching, but it is necessary for them to teaching the fundamentals of
C D
the game.

6. Etching is the printing process of engrave lines in a metal plate through
A B C
the use of a corrosive acid.
D

7. Stripping is one of the most important stages in producing jute, with
A B
several different methods being employed to loosening the fibers.
C D

解答と解説

1. **解答** **(C)** 誤 being use → 正 use

訳 マッカーシー時代の行き過ぎの多くは、軍備増強を正当化するための、冷戦に関するプロパガンダの広範囲にわたる使用から起こった。

解説 (C) には前置詞の from の後、of の前ということで、名詞が入ることがわかる。being use では意味が通らないので、「使用」の意味の名詞 use にする必要がある。

2. **解答** **(A)** 誤 Seek to → 正 Seeking to

訳 民主党に対する南部の黒人の大規模な支持に対抗しようとして、ニクソンの選挙運動は、白人の有権者への宣伝をねらった。

解説 文の主語は campaign、述語動詞は aimed であり、前半部分は「～に対抗しようとして」の意味を表す分詞構文になる。動詞 Seek はこの文の意味を考えると能動態なので、現在分詞の Seeking にする必要がある。

3. **解答** **(B)**

誤 designing → 正 design または to design

訳 第3代大統領トーマス・ジェファーソンは、共和国の初期に使用された最初の紙幣のデザインを手伝った。

解説 述語動詞は helped だが、「～するのを手伝う」の意味の help の後は、動名詞ではなく動詞の原形か to 不定詞を用いるので、designing ではなく design もしくは to design にする必要がある。

4. **解答** **(D)** 誤 spend → 正 spending

訳 ケインズ経済学は、公共投資により経済の活性化を試みる。

解説 前置詞 through の後の動詞は動名詞になるので、動詞の原形 spend ではなく動名詞 spending にする必要がある。

語句

excess 「超過、行き過ぎ」
era 「時代」
widespread 「広範囲にわたる」
justify 「～を正当化する」

massive 「大規模な」
Democratic Party 「民主党」
voter 「有権者、投票者」

paper currency 「紙幣」

Keynesian 「ケインズ〈イギリスの経済学者〉の」
attempt 「～を試みる」
stimulate 「～を活気づける、刺激する」

5. **解答** **(D)** ㊎teaching → ㊣be taught

訳 インナーシティーに住むバスケットボール選手には、最初はコーチされることに抵抗を示す人もいるかもしれないが、彼らにとって試合の基本を教えられることは必要である。

解説 文の後半、but 以下は形式主語 it を使った〈it is ～ (for ...) + to 不定詞〉の形である。to の後には動詞の原形が来るので teaching ではなく、「バスケットボール選手は～を教えられる」の意味で、受動態の be taught にする必要がある。

inner city「インナーシティー、（貧困者の多い）都市部の過密地区」
resistant「抵抗する」
fundamentals「基本」

6. **解答** **(C)** ㊎engrave → ㊣engraving

訳 エッチングは、腐食性の酸を使って金属板に線を刻む版画工程である。

解説 前置詞の後に動詞が来る場合は、原形ではなく動名詞にしなければならない。of の後の engrave を engraving にする必要がある。

engrave「～を刻む」
corrosive「腐食性の」
acid「酸」

7. **解答** **(D)** ㊎loosening → ㊣loosen

訳 ストリッピングとは、ジュート繊維を作るときの最も重要な段階の1つであり、いくつかの異なった方法が繊維組織をほぐすのに使われている。

解説 「ほぐすために」という意味（to 不定詞の副詞的用法）にするには〈to + 動名詞 loosening〉ではなく〈to + 動詞の原形 loosen〉にする必要がある。なお、〈with + 名詞 + 分詞〉は「～が…して、…しながら」という意味で、付帯状況を表す独立分詞構文である。ここでは「方法が～に使われる」という意味を表すので、**(C)** の現在分詞 being を使うことは適切である。

jute「ジュート〈シナノキ科の草木〉、ジュートの繊維」
employ「～を使う」
loosen「～をゆるめる、ほぐす」
fiber「繊維」

Lesson 7

並列構文

▼学習ポイント

並列語句の「品詞と形の一致」を確認！

例題

Heroic literature revolves around (A) human beings who (B) transcend ordinary men and women by (C) their skillful (D), strength, and courage.

ここをおさえる!

and や or やコンマで並列されている語句がある場合、それらの語句の品詞と形が一致しているかチェックする。

試験では？

- まず文全体の主語と述語動詞を確認する。
- 次に等位接続詞 and や or で結ばれている語句、あるいはコンマで区切られた語句が数個並んでいて、下線部やその近辺にそれがある場合は、並列が妥当かどうかが問われている可能性がある。並列されている語句と下線部の語句について、次の点が一致しているかチェックする。
  1. 品詞（名詞、形容詞、動詞など）
  2. 形（現在分詞、過去分詞、語・句・節など）
- 変更する必要のある選択肢を選ぶ。

ここに注目!

↓文の主語　↓述語動詞

Heroic literature revolves around human beings who transcend ordinary men and women by their skillful, strength, and courage.

↑名詞が続く

名詞 strength, courage と合わせて並列するには skillful も名詞にする必要があるはず！

訳

英雄文学は、技能、強さ、勇気で普通の男女を超越する人間をめぐって展開する。

解説

skillful は形容詞で、後に続く strength と courage は名詞である。この 3 つを並列させるには、by their の後の skillful を名詞 skill にする必要がある。

語句

heroic「英雄の」　revolve around ～「～を中心に回る」　transcend「～を超越する」

解答　(D)　㊥skillful → ㊣skill

練習問題

正しい文にするため変更しなければならない下線部を１つだけ選びましょう。

1. Clouds, like the fogs and <u>misty</u> (A) which occur at lower elevations, <u>are</u> (B) formed by the <u>condensation</u> (C) of water vapor around tiny <u>dust</u> (D) particles.

2. <u>Art schools</u> (A) in the United States <u>can be divided</u> (B) into three main categories: public universities, <u>schools are professional</u> (C), and <u>private institutes</u> (D).

3. Due to <u>its</u> (A) wide entrance, <u>depth</u> (B), and <u>free from</u> (C) natural obstacles, Elliot Bay is <u>where</u> (D) Seattle's shipping industry is concentrated.

4. Colloids, such as blood or <u>jelly</u> (A), are substances <u>which</u> (B) cannot be simply classified as <u>either</u> (C) solids or <u>liquefied</u> (D).

5. Hopping John is a traditional dish <u>consisting of</u> (A) black-eyed peas, rice, and <u>with spices</u> (B), <u>served</u> (C) for <u>good luck</u> (D) in the Southern United States.

6. In Judaism, the anniversary of <u>the death</u> (A) of a parent, sibling, or some other <u>who relates</u> (B) is observed <u>by lighting</u> (C) a memorial lamp or <u>candle</u> (D) the night before.

7. <u>The</u> (A) American sloth is known <u>for</u> (B) both its <u>sluggish</u> (C) movement and <u>it has an</u> (D) arboreal habitat.

解答と解説

語句

1. 解答 **(A)** 誤misty → 正mists

訳 標高の低いところでできる霧やもやのように、雲は細かいちりの粒子の周りに水蒸気が凝結することによって作られる。

解説 主語はClouds、述語動詞はare formed。fogsが複数形の名詞であることから、並列される **(A)** mistyもそれに合わせて名詞mistの複数形mistsにする必要がある。whichに導かれる関係詞節もヒントになっており、fogs and mistyがwhichの先行詞だが形容詞mistyでは先行詞になれない。

elevation「標高」
condensation「凝結」
vapor「水蒸気」
particle「粒子」

2. 解答 **(C)**

誤schools are professional → 正professional schools

訳 アメリカの美術学校は、公立大学、専門学校、私立大学の3つの主な区分に分けられる。

解説「3つの区分」が並列されているので、public universities, private institutesと同じように **(C)** も名詞句professional schoolsにする必要がある。

institute「機関、研究所、大学」

3. 解答 **(C)** 誤free from → 正absence of

訳 湾の入り口が広く、水深があり、自然の障害物がないため、エリオット湾にはシアトルの造船業が集中している。

解説 Due toの後、3つの点が並列されている。entranceとdepthが名詞なので3番目も名詞句にする。free from natural obstaclesではなく、absence of natural obstaclesなどにする必要がある。

obstacle「障害物」
concentrate「～を集中させる」

4. 解答 **(D)** 誤liquefied → 正liquids

訳 血やゼリーのようなコロイドは、単純に固体にも液体にも分類できない物質である。

解説 classified asの後はeither A or Bの形で2つのものが並列されており、solidsが名詞の複数形なのでその次も名詞の複数形liquidsにする必要がある。liquefiedは、動詞liquefy「～を液体化する」の過去形・過去分詞。

colloid「コロイド」
solid「固体」
liquid「液体」

5. 解答 **(B)** 誤 with spices → 正 spices

訳 ホッピングジョンは、ササゲ、米、香辛料から成る伝統的な料理で、アメリカ南部で幸運を願って出される。

解説 consisting of の後に3つの食材が並列されている。black-eyed peas, rice に続く3つ目は、with を削除した spices だけにする必要がある。

traditional
「伝統的な」
black-eyed pea
「ササゲ〈マメ科の一年草で種子は食用〉」

6. 解答 **(B)** 誤 who relates → 正 relative

訳 ユダヤ教では、親、兄弟姉妹、そのほかの親戚の命日は、その前夜に追悼のランプやろうそくに火を灯して行われる。

解説 主語は anniversary、述語動詞は is observed。parent, sibling の後は、これら2つと並列させ名詞にする。some other who relates ではなく、some other relative にする必要がある。

Judaism「ユダヤ教」
anniversary
「記念日、命日」
sibling「兄弟姉妹」
observe
「～を挙行する、祝う」

7. 解答 **(D)**

誤 it has an → 正 its または it has an を削除

訳 アメリカのナマケモノは、その緩慢な動作と樹上のすみかの両方で知られている。

解説 both A and B の形でナマケモノの2つの特徴が並列されており、its sluggish movement に合わせるので、節になってしまっている it has an arboreal habitat ではなく、名詞句 its arboreal habitat にする必要がある。または、its は sluggish movement の前にもあるので、arboreal habitat の前にはなくてもよい。

sloth「ナマケモノ」
sluggish「緩慢な」
arboreal
「木に住む、樹木の」
habitat「生息場所」

Lesson 8

比較

▼学習ポイント

「比較表現でポイントになる語句」を正確に覚えておく！

例題

The most smallest(A), most violent(B), and most short-lived(C) of all storms is(D) the tornado.

ここをおさえる!

比較表現でポイントになる語句、つまり形容詞や副詞の原級・比較級・最上級、その前後の比較関連語句をチェックして、修飾関係を明らかにし、比較表現が正しいか見抜く。

試験では？

- まず文全体の主語と述語動詞を確認する。
- 次に比較表現でポイントになる語句、つまり形容詞や副詞の原級・比較級・最上級、その前後の比較関連語句（例　as ... as, than, much, even, by far）をチェックして、修飾関係を明らかにし、文の構造と意味を考えた上で、比較表現が正しいか判断する。
- 変更する必要のある選択肢を選ぶ。

基本をおさらい

➡比較については p. 28「比較」

ここに注目!

↓最上級の形容詞　↓最上級の形容詞　↓最上級の形容詞

The most smallest, most violent, and most short-lived of all ...

small のような 1 音節語の多くは、～est をつけて最上級にする。most は不要なはず！

訳

すべての荒天の中で、最も小さく激しく短命なものは竜巻である。

解説

small の最上級は the most smallest ではなく the smallest である。small のような 1 音節の語を最上級にするには～est をつける。単純な問題ではあるが、後に most を用いる最上級が続くことで混乱してしまわないよう注意。

語句

tornado「竜巻」

解答　(A)　㊔most smallest → ㊣smallest

練習問題

正しい文にするため変更しなければならない下線部を１つだけ選びましょう。

1. Historians seldom acknowledge (A) that the first (B) American presidents were not only the young (C) nation's most famous citizens but also its most wealthier (D) ones.

2. The female lion is fierce (A) than the male (B) lion, even (C) though the male is called (D) the king of beasts.

3. The Saskatchewan wilderness of pine forests (A) and (B) lakes extends far (C) south as northern (D) Minnesota.

4. The single greater (A) threat to the remaining (B) herds of wild (C) elephants is the encroachment of human beings (D).

5. The flu virus is (A) one of the most hardest (B) to vaccinate against because it is constantly (C) mutating (D).

6. Studies have shown that it is (A) the textbook, even as much as (B) the general (C) curriculum, which most influences learning in a typical (D) high school class.

7. In 1904 Theodore Roosevelt was re-elected by the large (A) majority ever (B) enjoyed by a presidential (C) candidate up until (D) that time.

解答と解説

語句

1. 解答 (D)

誤most wealthier → 正wealthiest

訳 歴史家たちは、初期のアメリカ大統領らが、若い国家の最も有名な国民であっただけでなく、最も裕福な国民でもあったことをめったに認めない。

解説 acknowledge の内容である that 節の中身が問題となる。not only の後と but also の後は並列しており、形をそろえる必要があるが、most wealthier では文法上不適切。its は the young nation's のことであり、最上級 most famous と合わせるには、最上級 wealthiest にする必要がある。

wealthy「裕福な」

2. 解答 (A) 誤fierce → 正fiercer

訳 ライオンのオスは百獣の王と呼ばれているにもかかわらず、メスの方がオスよりどう猛である。

解説 fierce の後に than the male lion が続いているが、than があるということは比較級を使う文になるはずなので、fierce ではなく fiercer にする必要がある。

fierce「どう猛な」
beast「獣、動物」

3. 解答 (C)

誤extends far → 正extends as far

訳 サスカチュワン州の松林と湖の荒野は、ミネソタ州北部までずっと南に広がっている。

解説「ずっと南に広がっている」は extends far south で表せるが、それだけではその後の as につながらないので、as ～ as ...「…と同じくらい～」をこれに当てはめ、far south の前と後に as を入れて、extends as far south as ～「～までずっと南に広がっている」とする。

wilderness「荒野」
extend「広がる」

4. 解答 (A) 誤greater → 正greatest

訳 残っている野生のゾウの群れにとっての特に最大の脅威は、人間の侵害である。

解説 この文には比較級 greater を用いる比較の対象がないので、比較級 the single greater threat ではなく「特に最も大きな脅威」を表す最上級 the single greatest threat にする必要がある。

threat「脅威」
remaining「残っている」
herd「群れ」
encroachment「侵害、侵入」

5. **解答** **(B)** ㊙most hardest → ㊣hardest

訳 インフルエンザのウイルスは絶えず変異しているので、予防接種をするのが最も難しいものの1つである。

解説 hardの最上級は、the most hardestではなくthe hardestである。

vaccinate「予防接種をする」
mutate「変化する、突然変異する」

6. **解答** **(B)** ㊙as much as → ㊣more than

訳 典型的な高校の授業では、全体のカリキュラム以上に、教科書が学習に最も大きな影響を与えると、複数の研究は示している。

解説 evenには比較級を強める「さらに、なお」の意味の副詞があるので、even as much as ～ではなく、even more than ～にする必要がある。that以下はit is ～ which ...「…なのは～である」の強調構文である。

typical「典型的な」

7. **解答** **(A)** ㊙large → ㊣largest

訳 1904年、セオドア・ルーズベルトは、それまでの大統領候補の中で一番の大差をつけて再選された。

解説 everは、「今までに～したうちで」の意味で、この場合は最上級が前に来ないと意味が通らない。the large majorityではなくthe largest majorityにする必要がある。up untilは「～に至るまで」の意味で、untilと同じような意味。

re-elect「～を再選する」
candidate「候補者」

Lesson 9

単数と複数

▼学習ポイント

「可算名詞か不可算名詞か」「単数形か複数形か」をチェックする！

例題

When magma (A) cools below the surface (B), the first crystal (C) to form contain much (D) iron and magnesium.

ここをおさえる!

名詞が可算名詞か不可算名詞のどちらであるか、また可算名詞の場合、単数形か複数形かを確認する。

試験では？

- まず文全体の主語と述語動詞を確認する。
- 次に下線部に名詞がある場合、可算名詞（数えられる名詞）か不可算名詞（数えられない名詞）かチェックする。
- 概念や液体・気体などは不可算名詞であることが多い。
- 可算・不可算の両方の意味がある語も多いが、文脈からどちらなのかを見抜く。動詞などの前後の語との不一致によって見抜けることも多い。
- 可算名詞であれば、単数形か複数形かを確認する。名詞が主語であれば、それに対する動詞の形が一致しているかどうか確認する。
- 変更する必要のある選択肢を選ぶ。

基本をおさらい

➡単数と複数については p. 33「名詞・代名詞」

ここに注目!

↓従属節。ここでは重要ではない　　　　↓文の主語

When magma cools below the surface, the first crystal to form contain much iron and magnesium.

↑述語動詞は contain だが
三人称単数現在を表す s がついていない

よって文の主語は単数形ではなく複数形にする必要があるはず！

訳

マグマが地表下で冷却する際、形成される最初の結晶は、多くの鉄分とマグネシウムを含んでいる。

解説

文の主語は crystal、述語動詞は contain で、contain に三人称単数現在を表す s がついていないことから、**(C)** は単数形 crystal ではなく、複数形 crystals にしなければならない。crystal には「水晶」(不可算名詞)、「水晶製品」(可算名詞) をはじめとしてさまざまな意味があり、可算・不可算の区別が難しいが、contain との不一致から正解を見抜く。ここでは文脈から「結晶」の意味で、複数形を用いている。

語句

crystal「結晶、結晶体」

解答 **(C)** ㊝crystal → ㊣crystals

練習問題

正しい文にするため変更しなければならない下線部を１つだけ選びましょう。

1. <u>A plain</u> [A] usually passes <u>through a series</u> [B] of stages <u>as erosion</u> [C] wears away <u>their</u> [D] surface.

2. During <u>the</u> [A] 1960’s, San Diego <u>was</u> [B] one of the fastest growing <u>city</u> [C] in the entire western <u>hemisphere</u> [D].

3. A branch gully, <u>occurring</u> [A] at the <u>beginning</u> [B] of <u>a river</u> [C], is the <u>results</u> [D] of rain runoff from the surrounding watershed.

4. <u>Many</u> [A] of the early research <u>into</u> [B] human cognitive <u>processes</u> [C] attempted to clarify the relationship between perception and <u>memory</u> [D].

5. The quality of roads construction (A) in cold regions (B) has greatly advanced as more sophisticated paving techniques (C) have been (D) implemented.

6. The (A) element hydrogen, like one another (B) element oxygen, is (C) among the most common pure chemical elements found on (D) the Earth.

7. The vast majority of person (A) who heard Martin Luther King, Jr. speak (B) were (C) impressed by the power of his words (D).

解答と解説

語句

1. 解答 **(D)** 誤their → 正its

訳 平野は通常、浸食が表面を削るにつれて、一連の段階を経る。

解説 文脈から考えて、surface は平野の表面という意味であり、their は A plain を受けているはずだが、数が一致しない。their を its に直す必要がある。

plain「平野」
erosion「浸食」
wear away ～「～をすり減らす」
surface「表面」

2. 解答 **(C)** 誤city → 正cities

訳 1960 年代、サンディエゴは、西半球全体の中で最も急速に成長している都市の 1 つであった。

解説 one of ～は「～の 1 つ」の意味なので、その後には名詞の複数形が来る。**(C)** は単数形 city ではなく、複数形 cities にする必要があり、one of the fastest growing cities とする。このように、one of の後には〈最上級 + 複数形〉が来ることがよくあるので、最上級の人や事物は 1 人または 1 つとは限らず、複数もありうると覚えておく。

hemisphere「半球」

3. 解答 **(D)** 誤results → 正result

訳 川の源流にできる小峡谷は、近辺の流域から雨水が流れ出た結果、作られるものである。

解説 単数形の A branch gully がどのように作られるかについて述べているので、**(D)** は複数形 results ではなく、単数形 result にする必要がある。

gully「小峡谷」
runoff「(地中に吸収されずに流れる) 雨水」
surrounding「周囲の、付近の」
watershed「分水嶺、流域」

4. 解答 **(A)** 誤Many → 正Much

訳 人間の認知過程に関する初期の研究の多くは、認識と記憶の関連を明らかにしようと試みた。

解説「研究」を表すのに単数形 research を使っているので、ここでは research は可算名詞ではなく不可算名詞であることがわかる。よって **(A)** は可算名詞に使う Many ではなく、不可算名詞に使う Much にする必要がある。

cognitive「認知の」
clarify「～を明らかにする」

5. 解答 (A)

㊞roads construction → ㊣road construction

訳 より高度な舗装技術が提供されたので、寒冷地の道路工事の質は格段によくなった。

解説 名詞2語が続くと、1語目が可算名詞であっても、形容詞的な働きをするため単数形を使うことが多い。例えば「成人教育」は、adults education ではなく、adult education となる。「道路工事」を表す **(A)** は、複数形を使った roads construction ではなく、単数形を使った road construction にする必要がある。

sophisticated
「高度な、洗練された」
pave「～を舗装する」
implement
「～を提供する」

6. 解答 (B) ㊞one another → ㊣another

訳 元素である水素は、ほかの元素である酸素と同じように、地球上で見いだされる最も一般的でまじりけのない化学元素の1つである。

解説 単数形の名詞の前に使う another は〈an + other〉であり、one の意味が含まれているので、an や one を前につけず、**(B)** は one another を another にする必要がある。なお one another は「お互い」という意味で使われることがあるが、ここでは意味が通らないので不適切である。

hydrogen「水素」
oxygen「酸素」

7. 解答 (A) ㊞person → ㊣people

訳 マーティン・ルーサー・キング・ジュニアが話すのを聞いた人の大多数は、彼の言葉が持つ力強さに感銘を受けた。

解説 majority of ～は「～の大多数」という意味なので、majority of の後の可算名詞は複数形を用いる。**(A)** は単数形の person ではなく、複数を表す people にする必要がある。

vast「莫大な」
impress
「～に感銘を与える」

Lesson 10

品詞

▼学習ポイント

形容詞・副詞は、まず「どこを修飾しているか」を見つけておく！

例題

The planet Venus, often called the evening star (A), is most noticeably (B) when (C) it shines brightly (D) near the moon.

ここをおさえる!

形容詞・副詞などに下線がある場合、下線部が修飾している語句を見つけ、文法的・意味的に、下線部の品詞が正しいかチェックする。

試験では？

- まず文全体の主語と述語動詞を確認する。
- 形容詞・副詞などに下線がある場合、その語が修飾している語句があるかどうか探す。そのつながりを見て、文法的・意味的に、下線部が正しい品詞かチェックする。形容詞は名詞・代名詞などを修飾し、副詞は動詞や形容詞やほかの副詞、文全体などを修飾する。
- そのほかの品詞に関しても、意味的にどこにつながっているのかをよく考えて選ぶ。
- 変更する必要のある選択肢を選ぶ。

ここに注目!

文の主語↓　　述語動詞は is ↓　↓最上級

The planet Venus, often called the evening star, is most noticeably when it shines brightly near the moon.

↑ when が導く従属節

〈be 動詞 + most〉の後なので形容詞にする必要があるはず！

訳

惑星である金星は、しばしば宵（よい）の明星と呼ばれるが、月の近くで明るく輝くときに最も目立つ。

解説

〈be 動詞＋副詞〉の形になっているが、副詞が修飾しているものが何もなく、副詞では不適切だとわかる。〈be 動詞 + most〉の後なので形容詞になる。**(B)** は副詞 noticeably ではなく、形容詞 noticeable にする必要がある。なお、このように形容詞が補語の位置にあり、かつ同一の人やものの性質などを比較している場合、最上級でも the をつけないことが多い。

語句

planet「惑星」　Venus「金星」　evening star「宵の明星」　noticeable「目立った」

解答　**(B)**　㊙noticeably → ㊣noticeable

練習問題

正しい文にするため変更しなければならない下線部を１つだけ選びましょう。

1. The recorder is an end-blown (A) flute having (B) a softly (C), mellow tone (D).

2. Moods are an expression (A) of personality and they can vary (B) significant (C) not only from day to day but also (D) from week to week.

3. Perhaps to a greater (A) degree than any other Southern city, Miami enjoys a diverse (B) of ethnic (C) groups, including (D) African Americans, Caribbeans, Latinos, and Anglo-Americans.

4. The freezing (A) point of water is (B) approximately zero degrees Centigrade, depending (C) on both altitude and air dense (D).

5. To provide (A) protective coloration, the coat of the white-tailed deer is (B) known to dark (C) during the summer months (D).

6. Constantly (A) dredged to permit barge traffic (B), the main channel of the Mississippi River averages (C) 10 feet in deep (D).

7. Before the invention of radio location markers, pilots had to (A) rely almost entirely (B) upon visual recognize (C) of prominent landmarks in order to navigate (D).

解答と解説

語句

1. 解答 **(C)** 誤 softly → 正 soft

訳 リコーダーは、柔らかく豊かな音色が出る縦笛である。

解説 コンマを挟んで softly と mellow は並列されており、また意味から考えても、softly と mellow が tone を修飾する形になっている。しかし、名詞 tone を修飾するのは形容詞なので、**(C)** は副詞 softly ではなく形容詞 soft にする必要がある。

mellow「柔らかで豊かな」

2. 解答 **(C)** 誤 significant → 正 significantly

訳 気分とは、人柄の1つの表れであり、日ごとだけでなく週ごとにも相当変わりうるものである。

解説 形容詞 significant が vary を修飾している形になっているが、動詞 vary を修飾するのは副詞なので、**(C)** は副詞 significantly にする必要がある。

vary「変化する」

3. 解答 **(B)** 誤 diverse → 正 diversity

訳 ことによると南部のほかのどの都市よりも、マイアミには多様な民族集団がいて、それにはアフリカ系アメリカ人、カリブ系、ラテンアメリカ系、アングロサクソン系アメリカ人が含まれる。

解説 文の主語は Miami、述語動詞は enjoys。**(B)** は enjoys の目的語であり冠詞 a と前置詞 of に挟まれているので、形容詞 diverse「多様な」ではなく、「多様性」を表す名詞 diversity にする必要がある。

diversity「多様性」
ethnic「民族の」
Caribbean「カリブ人（の）」
Anglo-American「アングロサクソン系アメリカ人（の）」

4. 解答 **(D)** 誤 dense → 正 density

訳 水の氷点は、およそ摂氏0度であるが、それは高度と空気の密度の両方による。

解説 depending on の on は前置詞であり、その後には名詞が来る。名詞 altitude とその後の **(D)** が並列されている形なので、**(D)** は形容詞 dense ではなく、名詞 density にする必要がある。

approximately「およそ」
Centigrade「摂氏」
altitude「高度」
density「密度」

5. 解答 (C) ㊎dark → ㊣darken

訳 オジロジカの毛は、保護色になるために、夏の間は濃くなることが知られている。

解説 〈be known to＋動詞の原形〉は、「〜することで知られている」の意味で、to の後には動詞が必要。**(C)** は形容詞や名詞として使われる dark ではなく、動詞 darken にする必要がある。

protective「保護の」
coloration「配色」

6. 解答 (D) ㊎deep → ㊣depth

訳 はしけが往来できるよう常に川床をさらっているので、ミシシッピ川の主水路は、平均して 10 フィートの深さになっている。

解説 前置詞 in の後には名詞が来るので、**(D)** は形容詞 deep ではなく、名詞 depth「深さ」にする必要がある。ここでの average は「平均すると〜になる」という意味の動詞で、これが文の述語動詞である。average 〜 in depth で「平均の深さが〜である」という意味になる。

dredge
「(泥など）をさらう」
barge
「はしけ〈河川・港内・運河で荷物を運ぶ平底荷船〉」
channel「水路」

7. 解答 (C) ㊎recognize → ㊣recognition

訳 無線位置標識が発明される前は、航行するためにパイロットは目立つ目印の視覚認識にほとんど全面的に頼るしかなかった。

解説 前置詞 upon の後には名詞が来るので、「視覚認識に頼る」を表すには、**(C)** は動詞 recognize ではなく、名詞 recognition にする必要がある。

marker「標識」
prominent
「目立った、顕著な」
landmark
「目印、陸標」
navigate「航行する」

Lesson 11

前置詞

▼学習ポイント

前置詞のチェックは、まず「直後の名詞句」、次に「文の意味」を見る！

例題

In(A) 1896 the Duryea was introduced as(B) the first motorcar(C) to be offered to(D) sale to the public.

ここをおさえる!

前置詞のすぐ後に名詞・名詞句があるか確認し、文の意味を確認して、前置詞の使用が文法的にも意味的にも適切かチェックする。

試験では？

- まず文全体の主語と述語動詞を確認する。
- 下線部に前置詞が含まれている場合、前置詞を使うのが適切か確認する。前置詞のすぐ後は名詞・名詞句などのはずだが、すぐ後が節になっていたら、前置詞は使えない。
- 後が名詞・名詞句などで前置詞の使用が適切だと判断できたら、文全体の構成や意味を考え、使われている前置詞が適切か判断する。各前置詞の正しい使い方を理解しておく。
- さらに、下線部に接続詞や副詞が用いられている場合も、それが正しいか、前置詞に置き換えなくてよいかチェックする。
  例　接続詞 while と前置詞 in/during
  　　接続詞 because と群前置詞 because of/due to
- 変更する必要のある選択肢を選ぶ。

基本をおさらい

➡前置詞については p. 38「前置詞・接続詞」

ここに注目!

文の主語↓　　　　　↓述語動詞

In 1896 the Duryea was introduced as the first motorcar to be offered to sale to the public.

「一般大衆を対象に販売される」を表すには前置詞は for のはず！

訳

1896 年、デュリエは、一般大衆を対象に販売される初の自動車として紹介された。

解説

「一般大衆への販売（sale to the public）のために提供される」を表すには、to sale to the public では意味が通じないので、for sale to the public にする必要がある。

解答　**(D)**　㊞to → ㊣for

練習問題

正しい文にするため変更しなければならない下線部を1つだけ選びましょう。

1. Rain forests (A) continue to be (B) destroyed why (C) two basic reasons: lumber and (D) cultivation.

2. The plan to build (A) a canal to connect (B) the Great Lakes with (C) the Mississippi River was first proposed at (D) the 19th century.

3. In spite for (A) its prominence in the media, the Federal Reserve Bank has (B) limited influence on (C) the state of (D) the economy.

4. From (A) its highly developed lake and park system, Minneapolis is considered (B) one of the best examples of (C) a city with (D) good urban planning.

5. While the mid-20th century, the field of psychology was broken into a number of sub-disciplines, including behavioral, cognitive, and physiological psychology.
(A: While; B: broken into; C: a number of; D: including)

6. As by many of the vegetables and grains now widely consumed, the potato was a plant of the New World and therefore unknown to the earliest arriving settlers.
(A: by; B: widely consumed; C: plant of; D: unknown to)

7. A legal precedent is established when a court decision is accepted as an authoritative ruling with future similar or analogous cases.
(A: A; B: court; C: with; D: or)

解答と解説

1. 解答 (C) 誤why → 正for

訳 熱帯雨林は、材木と開墾という2つの基本的な理由で破壊され続けている。

解説「～の理由で」を表すには前置詞forを用いるので、「2つの基本的な理由で」を表したいときはfor two basic reasonsとする。関係副詞whyを用いるのは「なぜ～か」を表す場合で、その後に主語と動詞を入れて節を作らなければならない。**(C)** は関係副詞whyではなく前置詞forにする必要がある。

lumber「材木」
cultivation「開墾、耕作」

2. 解答 (D) 誤at → 正in または during

訳 五大湖をミシシッピ川と結ぶ運河を建設する計画は、19世紀に初めて提案された。

解説 the 19th centuryの前には前置詞が入るが「19世紀に」を表すにはatは不適切で、inまたはduringにする必要がある。「centuryにはin」など、時を表す名詞は、それぞれ対応する前置詞とセットで覚えておくとよい。

canal「運河」
propose「～を提案する」

3. 解答 (A) 誤for → 正of

訳 連邦準備銀行は、メディアでは目立っているにもかかわらず、経済情勢へは限られた影響力しか持っていない。

解説「～にもかかわらず」を表す熟語はin spite forではなくin spite ofであるので、**(A)** forをofにする必要がある。

prominence「目立つこと、卓越」
the Federal Reserve Bank「連邦準備銀行」

4. 解答 (A) 誤From → 正With

訳 高度に発達した湖と公園のシステムがあるので、ミネアポリスは、良好な都市計画を持った都市の最もよい例の1つと見なされている。

解説 文脈から、名詞句its highly developed lake and park systemの前の前置詞は、fromではおかしい。付帯状況や理由などを表すwithにする必要がある。

urban「都市の」

5. 解答 (A) 誤While → 正In または During

訳 20世紀中ごろ、心理学の分野は、行動心理学、認知心理学、生理心理学を含むいくつかの下位区分に分類された。

解説 接続詞 while は節を導くので、コンマの前に基本的に主語と動詞が必要になるが、それがない。名詞句 the mid-20th century の前には前置詞が必要なので、**(A)** は While ではなく、In または During にする。

discipline「分野」
behavioral「行動の」
cognitive「認知の」
physiological「生理的な」

6. 解答 (A) 誤by → 正with

訳 現在、広範囲で消費されている多くの野菜や穀物のように、ジャガイモは新世界の植物であったので、最も初期に到着した開拓者には知られていなかった。

解説 主語は potato、述語動詞は was。consumed は過去分詞で、now widely consumed は many of the vegetables and grains を修飾している句である。冒頭には as by ではなく、「～と同じように」を表す as with を入れる必要がある。

grain「穀物」
consume「～を消費する」
the New World「(コロンブスによる発見後の) 南北アメリカ大陸」
settler「開拓者、植民者」

7. 解答 (C) 誤with → 正in

訳 裁判所の判決が将来の同様または類似した裁判で権威ある決定として認められたとき、判例というものが確立される。

解説 文脈から、「将来の同様または類似した裁判において」の意味だと考えられるので、それに合う前置詞は with ではなく、in にする必要がある。

precedent「判例、先例」
authoritative「権威ある、正式な」
analogous「類似した」

Lesson 12

冠詞

▼学習ポイント

「冠詞直後の名詞」の意味をよく考えて冠詞が適切かチェック！

例題

It was not until 1912 <u>that</u>(A) Arizona became <u>a last</u>(B) of <u>the</u>(C) <u>United States'</u>(D) 48 continental states.

ここをおさえる!

<u>冠詞のすぐ後の名詞</u>を見て、不定冠詞・定冠詞の使用が適切かチェックする。

試験では？

- 下線部に冠詞が含まれていたら、その冠詞がどの名詞についているか確認する。
- 不定冠詞（a/an）、定冠詞（the）の用法と文の意味を照らし合わせ、使用が適切かチェックする。冠詞と名詞の間に形容詞などが入っている場合も多いので、注意する。
- 不定冠詞の場合、「数えられる名詞の単数形」についているか、the をつけるべき特定の何かを指していないか確認する。また a は最初の発音が子音である語の前、an は最初の発音が母音である語の前についているか確かめる。
- 定冠詞の場合、基本的には特定のものを表すために使われるが、そのようになっているか確認する。具体的にどのような場合に使われるか、正しく理解しておく。
- 変更する必要のある選択肢を選ぶ。

基本をおさらい

➡冠詞については p. 40「冠詞」

ここに注目!

that 節の主語↓　動詞↓　↓前置詞 of

It was not until 1912 that Arizona became a last of ...

「最後の事物」を表すには the last にする必要があるはず！

訳

アリゾナは1912年になって、ようやくアメリカの大陸にある48州の最後の州になった。

解説

last は前に冠詞があり後ろに of があるので、名詞である。「最後の人、事物」を表すには、その前に不定冠詞 a ではなく定冠詞 the をつける必要がある。一般的に、ものごとの「最後」は限定されているので、the または one's をつける必要があり、複数ある中の任意の1つを表す a はつけない。

語句

not until ～ that ...「～になって初めて…」　continental「大陸の」

解答 (B) 誤 a last → 正 the last

練習問題

正しい文にするため変更しなければならない下線部を1つだけ選びましょう。

1. Although the (A) smallest complete unit of an element is an (B) atom, the smallest unit of the (C) compound is called a (D) molecule.

2. William Henry Harrison, elected president in 1840, was the (A) son of an signer (B) of the Declaration of Independence and a member of (C) a (D) distinguished Virginia planter family.

3. The (A) Moon, by rotating once every (B) 27 1/3 days, always keeps a (C) same side facing the Earth (D).

4. The singing (A), now the most commercially important of the arts, did not become economically significant until well after (B) the (C) invention of the phonograph (D).

5. Amelia Earhart [A], hailed as a [B] first woman to fly across the Atlantic [C] in 1928, did not actually complete a solo [D] crossing until four years later in 1932.

6. A [A] ore is a rock [B] which is an [C] important source of some useful metal [D].

7. The [A] horsefly is a [B] blood-sucking insect [C] which along with ticks and mosquitoes is the [D] serious pest for horses and cattle.

解答と解説

語句

1. 解答 **(C)** 誤the → 正a

訳 元素の最小の完全な構成単位は原子であるが、化合物の最小単位は分子と呼ばれる。

解説 ここでの compound は特定の化合物ではなく、不特定の化合物1つを指しているので、定冠詞 the ではなく、不定冠詞 a にする必要がある。

atom「原子」
compound「化合物」
molecule「分子」

2. 解答 **(B)** 誤an signer → 正a signer

訳 ウィリアム・ヘンリー・ハリソンは、1840年に大統領に選ばれたが、1人の独立宣言署名者の息子であり、著名なバージニア農園主一族の一員であった。

解説 signer「署名者」は、最初の音が子音なので、不定冠詞は an ではなく a にする必要がある。

distinguished「著名な」
planter「農園主」

3. 解答 **(C)** 誤a → 正the

訳 月は27と1/3日に1回地球を回ることで、いつも同じ面を地球に向けている。

解説 same は通常、the をつけて用い、a をつけることはしない。the same という形で覚えておくとよい。なお、**(A)** Moon などの天体は1つしかないため、一般的に a ではなく the をつける必要があることもあわせて覚えておくとよい。

rotate「回転する」

4. 解答 **(A)** 誤The singing → 正Singing

訳 歌は今や芸術の中では商業的に最も重要であるが、蓄音機が発明されてしばらくして初めて、経済的に重要になった。

解説 singing は「歌うこと」一般を指すので the は不要であり、削除する必要がある。**(C)** invention は、「蓄音機の発明」に限定されているので、the は必要である。

commercially「商業的に」
phonograph「蓄音機」

5. **解答** **(B)** ㊲a → ㊣the

訳 アメリア・イアハートは、1928 年に大西洋を横断飛行した最初の女性として称賛されたが、実際には 4 年後の 1932 年に初めて単独横断を成し遂げた。

解説 first が「最初の」の意味で使われるとき、「最初」は限定されるので、その前には a ではなく the をつける必要がある。

hail「～を称賛する、歓迎する」
the Atlantic「大西洋」

6. **解答** **(A)** ㊲A → ㊣An

訳 鉱石はいくつかの有用金属の重要な源となる岩石である。

解説 ore「鉱石」は最初の音が母音なので不定冠詞は a ではなく an をつける必要がある。

ore「鉱石」

7. **解答** **(D)** ㊲the → ㊣a

訳 アブは血を吸う昆虫であり、ダニや蚊と並んで、ウマやウシにとって深刻な害虫である。

解説 ダニや蚊が一緒に挙げられていることもあり、serious pest は何種類もいると考えられる。アブはその中の 1 つの種類であるが、**(D)** the を用いると、アブだけが serious pest であるという限定的な意味になってしまうので、a を用いる必要がある。**(A)** は、〈the ＋単数名詞〉は種類や種族全体を表すので適切である。

suck「～を吸う」
pest「害虫」
cattle「ウシ」（複数扱い）

Lesson 13

重複

▼学習ポイント

余分な「主語」「副詞」「同義語」「比較の語句」などがないか確認する！

例題

Hispaniola, the second (A) largest island in the Caribbean, it is (B) divided politically into (C) two countries, Haiti and the (D) Dominican Republic.

ここをおさえる！

文全体の構成と意味を考えながら、下線部に余分な主語、副詞、同義語、比較の語句などがないかチェックする。

試験では？

- まず文全体の主語と述語動詞を確認する。
- 余分な語があるように感じたときは、文全体の構造と意味を考えながら、特に次の点をチェックする。
  1. 主語の直後に主格の代名詞が来ていないか。
  2. 固有名詞の後に余分な副詞などがないか。（例　地名の直後に副詞 there があるなら there は不要）
  3. 同じ意味の言葉が不必要に繰り返されていないか。
  4. 比較級や最上級を表す語にさらに more, most, less, least などがついていないか。
- 変更する必要のある選択肢を選ぶ。

ここに注目!

↓文の主語　　↓挿入句　　↓述語動詞

Hispaniola, the second largest island in the Caribbean, it is divided politically into two countries, Haiti and the Dominican Republic.

↑ two countries と同格

文の主語は Hispaniola で述語動詞は is divided。述語動詞の前の it は主語の重複になるので、削除が必要なはず！

訳

イスパニョーラ島は、カリブ海で2番目に大きい島であるが、政治的にハイチとドミニカ共和国の2つの国に分けられている。

解説

文の主語は Hispaniola であり、述語動詞は is divided である。述語動詞の前の it は主語の重複になるので不要である。この文のように、主語の後に挿入句があり、主語と述語動詞が離れている場合は、特に主語と述語動詞の関係に注意する必要がある。なお、the second largest ～は「2番目に大きい～」の意味。

語句

the Dominican Republic「ドミニカ共和国」

解答　(B)　㊟it is → ㊣is

練習問題

正しい文にするため変更しなければならない下線部を1つだけ選びましょう。

1. Archery, which (A) it is (B) the shooting of arrows with a bow (C), is one of the oldest sports still being practiced (D).

2. Though many independent candidates have pursued (A) the American presidency, only (B) eight they have (C) polled more than (D) one million votes.

3. Water it (A) is composed (B) of two atoms (C) of hydrogen and one (D) of oxygen.

4. The escape velocity necessary for (A) a vehicle to leave the Earth is 40,000 kilometers an hour, but (B) bodies with less mass than the Earth, such as the Moon (C), have a less lower (D) escape velocity.

5. Though the periodic <u>table of elements</u> was not devised <u>until the 1860's</u>,
A B
scientists <u>had understood</u> the behavior of many elements for hundreds
C
of <u>years ago</u>.
D

6. The most violent protests <u>ever at</u> a national political convention took
A
place <u>during</u> the Democratic National Convention <u>held in</u> Chicago <u>there</u>
B C D
in 1968.

7. In chemistry, <u>an</u> element <u>is</u> considered the <u>most</u> <u>fundamental basic</u>
A B C D
constituent of a compound.

解答と解説

語句

1. 解答 **(B)** ㊙it is → 正 is

訳 アーチェリーは、弓で矢を射るものであるが、今でも行われている最古のスポーツの1つである。

解説 文の主語は Archery、述語動詞は2つ目の is。文脈から文中の関係代名詞 which は主格を表しているとわかるので、その直後の代名詞 it は余分である。which の後にすぐ動詞の is が続くよう、it を削除する必要がある。

bow「弓」
practice「〜を行う、実行する」

2. 解答 **(C)** 誤 they have → 正 have

訳 多数の無所属候補がアメリカ大統領の職を追い求めてきたが、100万票以上を得たのは8人しかいない。

解説 eight が主節の主語なので they は不要である（主語は eight of them としてもよい）。

independent「無所属の、独立の」
pursue「〜を追い求める」
poll「（票）を得る」

3. 解答 **(A)** 誤 it → 正 it を削除

訳 水は2つの水素原子と1つの酸素原子から成り立っている。

解説 Water が主語なので、直後の it は不要であり削除する必要がある。

be composed of 〜「〜から成る」

4. 解答 **(D)** 誤 less lower → 正 lower

訳 宇宙船が地球を離れるときに必要な脱出速度は時速4万キロであるが、月のように地球より質量の小さい物体からの脱出速度はもっと遅い。

解説 less は後に形容詞や副詞の原形を伴って、比較級における more の反対の意味を表す。lower は、low の比較級なので less は不要であり削除する必要がある。

velocity「速度」

5. 解答 (D) 誤 years ago → 正 years

訳 元素周期表は、1860年代に初めて考案されたが、科学者たちは数百年にわたって多くの元素の性質を理解していた。

解説 Though からコンマまでの従属節が1860年代のことを述べており、主節ではそれより前のことを述べているので、過去完了形を用いている。期間の長さを表す前置詞 for があることから、「(1860年代より前の) 数百年間～を理解してきた」という意味だと推測できる。「数百年間」は前置詞 for を使って for hundreds of years とし、ago は不要なので削除する必要がある。

periodic table
「周期表」
devise
「～を考案する」

6. 解答 (D) 誤 there → 正 there を削除

訳 政党の全国大会における最も暴力的な抗議は、1968年にシカゴで開かれた民主党全国大会で起こった。

解説 文の主語は protests で、述語動詞は took。held 以下は Democratic National Convention がいつどこで開かれたかを説明している。民主党全国大会が行われた場所は副詞句 in Chicago と示されており、その直後の副詞 there は余分なので削除する必要がある。

convention
「定期大会、党大会、会議」

7. 解答 (D)
誤 fundamental basic → 正 fundamental または basic

訳 化学では、元素は化合物の最も基本的な構成要素と見なされる。

解説 fundamental と basic は同義語であり、**(D)** fundamental basic のように並べることは意味上不要なので、どちらかを削除し fundamental または basic のみにする必要がある。

fundamental
「基本的な」
constituent
「構成要素、成分」

Lesson 14

脱落

▼学習ポイント

「be 動詞」「冠詞」「前置詞」「関係代名詞」「目的語」などの脱落に注意！

例題

Nova Scotia enjoys(A) a somewhat milder climate(B) than Newfoundland because(C) it is closer(D) the Gulf Stream.

ここをおさえる!

文の構成と意味を考えながら、be 動詞、冠詞、前置詞、関係代名詞、目的語などの脱落がないかチェックする。

試験では？

- まず文や節の主語と述語動詞を確認する。
- 抜けている語があるように感じたときは、文全体の構造と意味を考えながら、特に次の点をチェックする。
  1. 受動態や進行形の be 動詞が落ちていないか。
  2. 名詞の前に冠詞 a [an] や the が落ちていないか。
  3. 必要な前置詞が落ちていないか。
  4. 関係詞が導くはずの節にその関係詞、特に主格や所有格の関係代名詞が抜けていないか。
  5. 他動詞に対して目的語が抜けていないか。
- 変更する必要のある選択肢を選ぶ。

ここに注目!

Nova Scotia enjoys a somewhat milder climate than Newfoundland because it is closer the Gulf Stream.

節の主語と動詞↑

「〜に近い」を表すのは be close to。脱落している to を補う必要があるはず！

訳

ノバスコシア州は、メキシコ湾流により近いので、ニューファンドランド島よりやや温暖な気候である。

解説

「〜に近い」を表すのは〈be close to＋名詞〉なので、**(D)** は比較級 closer に脱落している to を補い、closer to にする必要がある。to のように短い語は抜けていても気づきにくいことがあるので、close であれば to というように、よく一緒に用いられる語の組み合わせを覚えておくとよい。

語句

somewhat「やや、幾分」　gulf「湾」

解答　**(D)**　㊥closer → 正closer to

練習問題

正しい文にするため変更しなければならない下線部を１つだけ選びましょう。

1. According to Edgar Allen Poe's definition (A), a short story is (B) a work of fiction can (C) be read comfortably (D) at a single sitting.

2. It was (A) a race riot in Springfield, Illinois, prompted (B) the formation (C) of the (D) National Association for the Advancement of Colored People in 1910.

3. Colorful shells were (A) valued by the Native Americans of the Pacific Coast, who used as (B) a financial (C) currency and a form (D) of gift exchange.

4. To the surprise (A) of engineers and geologists, in the year (B) following the completion (C) of the Hoover Dam thousands of local earthquakes recorded (D).

5. Indirect (A) methods of flood control include (B) forest and soil conservation measures such (C) controlled cutting and (D) crop rotation.

6. The (A) barbel is a slender, natural (B) outgrowth on jaw (C) or other (D) parts of certain fishes.

7. Fennel seed, the (A) strongly aromatic seed of fennel (B) plant, is commonly used in cooking (C) and folk medicines (D).

解答と解説

語句

1. **解答** **(C)**

㊟fiction can → ㊣fiction which [that] can

訳 エドガー・アラン・ポーの定義によると、短編小説とは気楽に一気に読むことのできるフィクション作品である。

解説 文の主語は story、述語動詞は is である。fiction の後に can be read ではつながらない。fiction を修飾する節を導く関係代名詞 which [that] を入れて、which [that] can be read とする必要がある。

definition「定義」
comfortably「気楽に、快適に」
at a sitting「一気に」

2. **解答** **(B)**

㊟prompted → ㊣that prompted

訳 1910 年の全国有色人種地位向上協会の設立を促したのは、イリノイ州スプリングフィールドにおける人種暴動だった。

解説 It was ～ that ... は、「～」部分を強調する構文である。ここでは a race riot in Springfield, Illinois が強調されており、その後は that prompted ... とする必要がある。

riot「暴動」
prompt「～を促す」
formation「設立」
advancement「向上」

3. **解答** **(B)** ㊟used as → ㊣used them as

訳 色とりどりの貝殻は、太平洋沿岸のアメリカ先住民にとって価値のあるものであり、彼らは通貨や贈答品としてそれらを使った。

解説 Native Americans を who 以下が修飾している。彼らは貝殻を通貨や贈答品として使ったが、used の目的語が何もないと文の前半とつながらない。「貝殻」を指す them を used と as の間に入れる必要がある。

coast「沿岸」
currency「通貨」

4. **解答** **(D)** ㊟recorded → ㊣were recorded

訳 エンジニアや地質学者が驚いたことには、フーバーダムが完成した次の年に、何千回もの地震がその地域で記録された。

解説 To the surprise of ～は「～が驚いたことに」という意味。following から Hoover Dam までは year を説明しており、「フーバーダムが完成した次の年に」という意味。主語は earthquakes で、record「～を記録する」を動詞として用いるには、「地震が記録された」を表す受動態 were recorded にする必要がある。

geologist「地質学者」

5. **解答** **(C)** 誤 such → 正 such as

訳 洪水をコントロールする間接的な方法には、規制された伐採や輪作のような森林や土壌の保全策がある。

解説 Indirect methods of flood control が主部で、include が述語動詞、forest and soil conservation measures が include の目的語。such 以下は measures の具体例を挙げている。例を挙げるときには「A や B のような」を意味する表現を用いるが、such を使う場合、such as A and B にする必要がある。

conservation
「保全、保護」
crop rotation
「輪作〈同じ土地で異なる種類の作物を一定の順序で栽培すること〉」

6. **解答** **(C)** 誤 on jaw → 正 on the jaw

訳 魚の触しゅは、ある種の魚のあごやほかの部分に自然に生じた細長いものである。

解説 「あごに」というように体の特定の部位を指す場合、定冠詞を用いなければならない。on jaw を on the jaw にする必要がある。

barbel
「触しゅ〈コイ・ナマズなどのひげ〉」
outgrowth
「自然に生じたもの、派生物」
jaw「あご」

7. **解答** **(B)** 誤 of fennel → 正 of the fennel

訳 ウイキョウの種は、ウイキョウの強い芳香を持つが、一般的に料理や民間療法に使われる。

解説 植物を表す plant は可算名詞なので冠詞が必要。fennel plant の種類全体を表すには、定冠詞 the を fennel の前につける必要がある。

fennel
「ウイキョウ〈セリ科の植物〉」
seed「種」
aromatic「芳香の」

Lesson 15 語順

▼学習ポイント

「名詞、形容詞、副詞などの組み合わせ」と「熟語の語順」が正しいか確認する！

例題

Some leading contemporary fiction writers not only <u>compose</u> (A) their own novels <u>also but</u> (B) prepare adaptations of their <u>works in</u> (C) the form of <u>screenplays</u> (D).

ここをおさえる!

<u>名詞、形容詞、副詞などの組み合わせ</u>、<u>熟語の語順</u>が、文法的に、また意味的に正しいか確認する。

試験では？

- まず文全体の主語と述語動詞を確認する。
- 次に下線部の語順が正しいか、文法と意味を考えながらチェックする。特に、名詞・形容詞・副詞の語順（形容詞と名詞、名詞と名詞、副詞と形容詞などの組み合わせ）、そして熟語の語順に注目する。
- 変更する必要のある選択肢を選ぶ。

ここに注目!

not only があるので but also を予想↓

文の主語↓　　　　　↓述語動詞

Some leading contemporary fiction writers not only compose their own novels also but prepare adaptations of their works ...

↑もう 1 つの述語動詞

「Aだけでなく Bもまた」を表すのは not only A but also B。語順を直す必要がある！

訳

主要な現代の小説家には、自分の小説を書くだけでなく、映画の台本の形で自分の作品を脚色したものを用意する人もいる。

解説

「A だけでなく B もまた」を表すには、語順は not only A also but B ではなく、not only A but also B である。文の前半で not only が出てきた時点で後に but also が来るだろうと予測しておくと、問題を解きやすい。

語句

contemporary「現代の」　compose「～を書く、作る」　adaptation「脚色、脚色されたもの」

解答　(B)　㊙also but → 正 but also

練習問題

正しい文にするため変更しなければならない下線部を1つだけ選びましょう。

1. It was after long (A) quarks were first theorized (B) in particle physics that (C) they were actually detected (D).

2. Although no person consistently favors (A) one hand exclusively, it (B) is practice usual (C) to classify persons as either (D) right-handed or left-handed.

3. The study of gravitation (A) in the physical sciences (B) is concerned with (C) the attraction of bodies for another one (D).

4. The process of aging is usually (A) accompanied by (B) the gradual impairment (C) of various functions sensory (D).

5. The value of Toronto's manufacturing sector (A) is more worth (B) than twice that (C) of the four Atlantic provinces combined (D).

6. First introduced (A) in 1896, contract bridge (B) has become the principal (C) intellectual game card (D) in North America.

7. A person who does not (A) consume an amount adequate (B) of water runs the risk of developing kidney stones (C) later in life (D).

解答と解説

1. 解答 (A)　㊞after long → ㊣long after

訳 クォークが実際に発見されたのは、最初に素粒子物理学で理論づけられてかなりたってからであった。

解説「～してかなりたってから」は **(A)** の after long ～ではなく、long after ～にする必要があり、この表現を見慣れていれば正解を見つけやすい。It was ～ that ... の強調構文で「…するのは～だった」を表しており、long after quarks were first theorized in particle physics を強調している。

語句

quark「クォーク〈素粒子の構成要素となっている粒子〉」
theorize「～を理論づける」
particle「素粒子」
physics「物理学」
detect「～を見つける」

2. 解答 (C)

㊞practice usual → ㊣usual practice

訳 誰も絶えず一方だけの手を好んで使うわけではないが、右利きか左利きかに人を分類するのは普通に行われることである。

解説 it は形式主語で、to 以下がその内容を指している。usual は practice を修飾する形容詞で、**(C)** は〈形容詞 usual + 名詞 practice〉とすることで「普段の行い」の意味になる。元の語順では文法的に成立しない。

consistently「絶えず、一貫して」
favor「～を好む」
exclusively「もっぱら、専用に」
right-handed「右利きの」

3. 解答 (D)　㊞another one → ㊣one another

訳 物理科学における引力の研究は、お互いに物体を引きつけ合うことに関係している。

解説 文の意味を考えると **(D)** は another one「もう１つ」ではなく、one another「お互いに」が正しい。なお、one another は三者以上について、each other は二者について用いられるとの説明がされることもあるが、実際には区別なく用いられていることも多い。

gravitation「引力、重力」
concerned「関係がある」
attraction「引きつけること、引力」
one another「お互い」

4. 解答 (D)

㊞functions sensory → ㊣sensory functions

訳 老化の過程は通常、さまざまな感覚機能を徐々に損なうことを伴う。

解説 文脈から **(D)** は「感覚機能」を意味すると思われるが、〈形容詞＋名詞〉の順に直して、sensory functions にする必要がある。

accompany「～を伴わせる」
impairment「損なうこと」
various「さまざまな」
sensory「知覚の、感覚の」

function「機能」

sector「部門、分野」

principal「主要な」

consume「～を消費する」

adequate「十分な」

run「(危険など) を冒す」

kidney「腎臓」

5. **解答** **(B)** 誤 more worth → 正 worth more

訳 トロントの製造業部門の価値は、大西洋側の4つの州を合わせたものの2倍以上ある。

解説 more は more than twice「2倍以上」の一部と考えるのが自然であり、ここでは is worth「～の価値がある」の後に来る。したがって、**(B)** の語順は more worth ではなく、worth more にする必要がある。

6. **解答** **(D)** 誤 game card → 正 card game

訳 コントラクト・ブリッジは、1896年に初めて紹介されたが、北アメリカで主要な知的カードゲームとなっている。

解説「カードを使ったゲーム」は、game card ではなく card game である。

7. **解答** **(B)**

誤 amount adequate → 正 adequate amount

訳 十分な量の水を飲まない人は、後の人生で、腎臓結石になる危険がある。

解説 **(B)** を含む部分は、「十分な量の水」を意味すると推測できるが、形容詞 adequate は名詞の前に置き、〈形容詞＋名詞〉の語順にする必要がある。an adequate amount of water にする。

Answer Sheet

※CHAPTER 3 でご利用ください

Be sure to fill in completely the circle that corresponds to your answer choice. Completely erase errors or stray marks. You may find more answer spaces than you need. If so, leave them blank.

EXAMPLE				
CORRECT	INCORRECT	INCORRECT	INCORRECT	INCORRECT
Ⓐ Ⓑ ● Ⓓ	Ⓐ Ⓑ ✓ Ⓓ	Ⓐ Ⓑ ✗ Ⓓ	Ⓐ Ⓑ ◖ Ⓓ	Ⓐ Ⓑ Ⓒ Ⓓ

SECTION 1

1	A	B	C	D	21	A	B	C	D	41	A	B	C	D
2	A	B	C	D	22	A	B	C	D	42	A	B	C	D
3	A	B	C	D	23	A	B	C	D	43	A	B	C	D
4	A	B	C	D	24	A	B	C	D	44	A	B	C	D
5	A	B	C	D	25	A	B	C	D	45	A	B	C	D
6	A	B	C	D	26	A	B	C	D	46	A	B	C	D
7	A	B	C	D	27	A	B	C	D	47	A	B	C	D
8	A	B	C	D	28	A	B	C	D	48	A	B	C	D
9	A	B	C	D	29	A	B	C	D	49	A	B	C	D
10	A	B	C	D	30	A	B	C	D	50	A	B	C	D
11	A	B	C	D	31	A	B	C	D					
12	A	B	C	D	32	A	B	C	D					
13	A	B	C	D	33	A	B	C	D					
14	A	B	C	D	34	A	B	C	D					
15	A	B	C	D	35	A	B	C	D					
16	A	B	C	D	36	A	B	C	D					
17	A	B	C	D	37	A	B	C	D					
18	A	B	C	D	38	A	B	C	D					
19	A	B	C	D	39	A	B	C	D					
20	A	B	C	D	40	A	B	C	D					

SECTION 2

1	A	B	C	D	21	A	B	C	D
2	A	B	C	D	22	A	B	C	D
3	A	B	C	D	23	A	B	C	D
4	A	B	C	D	24	A	B	C	D
5	A	B	C	D	25	A	B	C	D
6	A	B	C	D	26	A	B	C	D
7	A	B	C	D	27	A	B	C	D
8	A	B	C	D	28	A	B	C	D
9	A	B	C	D	29	A	B	C	D
10	A	B	C	D	30	A	B	C	D
11	A	B	C	D	31	A	B	C	D
12	A	B	C	D	32	A	B	C	D
13	A	B	C	D	33	A	B	C	D
14	A	B	C	D	34	A	B	C	D
15	A	B	C	D	35	A	B	C	D
16	A	B	C	D	36	A	B	C	D
17	A	B	C	D	37	A	B	C	D
18	A	B	C	D	38	A	B	C	D
19	A	B	C	D	39	A	B	C	D
20	A	B	C	D	40	A	B	C	D

SECTION 3

1	A	B	C	D	21	A	B	C	D	41	A	B	C	D
2	A	B	C	D	22	A	B	C	D	42	A	B	C	D
3	A	B	C	D	23	A	B	C	D	43	A	B	C	D
4	A	B	C	D	24	A	B	C	D	44	A	B	C	D
5	A	B	C	D	25	A	B	C	D	45	A	B	C	D
6	A	B	C	D	26	A	B	C	D	46	A	B	C	D
7	A	B	C	D	27	A	B	C	D	47	A	B	C	D
8	A	B	C	D	28	A	B	C	D	48	A	B	C	D
9	A	B	C	D	29	A	B	C	D	49	A	B	C	D
10	A	B	C	D	30	A	B	C	D	50	A	B	C	D
11	A	B	C	D	31	A	B	C	D					
12	A	B	C	D	32	A	B	C	D					
13	A	B	C	D	33	A	B	C	D					
14	A	B	C	D	34	A	B	C	D					
15	A	B	C	D	35	A	B	C	D					
16	A	B	C	D	36	A	B	C	D					
17	A	B	C	D	37	A	B	C	D					
18	A	B	C	D	38	A	B	C	D					
19	A	B	C	D	39	A	B	C	D					
20	A	B	C	D	40	A	B	C	D					

CHAPTER 3
Practice Tests

この章の利用法

1. Practice Tests

1セット40問のPractice Testを5セット用意しました。

40問中、Structureが15問、Written Expressionが25問と、実際のTOEFL ITPのセクション2と同じ構成になっています。

CHAPTER 2の練習問題で十分に準備ができたら、1セットずつ、本番と同じ25分間の解答時間内で取り組みましょう。CHAPTER 2で学習したポイントを、すべて細かく暗記して試験に臨むということは困難です。多くの問題を解くことで、注意すべき点に自然に気づくことができる感覚を養いましょう。

2. 解答と解説

1セットを終えたら、すぐに解答を見て、自己採点をしましょう。

間違えた問題や解答に自信のなかった問題には印をつけ、解説をよく読みましょう。後日、印をつけた問題だけもう一度解くとよいでしょう。

また、理解が不十分な文法事項があると感じたら、CHAPTER 1やCHAPTER 2の該当箇所に戻って、よく読み返しましょう。

3. 受験時の留意事項

次ページに「受験時の留意事項」を掲載しました。これは、試験前の心構えや試験中の注意点など、TOEFLを受験する際に特に留意すべきポイントをまとめたものです。よく読み、実際の試験と同様の心構えでPractice Testsを解いてみましょう。

4. Answer Sheet

前章の最後のp. 222に解答用紙（Answer Sheet）を用意しました。コピーして、「SECTION 2」とある部分を利用しましょう。

受験時の留意事項

1. 早めに会場に到着する
試験の出来はその日のコンディションによって大きく変わります。落ち着いて、集中力を高めて試験に臨むため、余裕をみて会場に到着するよう心がけましょう。

2. すぐに問題を解き始める
問題形式は明らかなので、指示や例題を丁寧に読む必要はありません。確認のため一目見て、形式に変更がないとわかったら、すぐに問題に取りかかりましょう。

3. 時間配分に気を配る
問題には、難しいものと易しいものがあります。難しい問題にはとりあえず解答しておき、全部解き終わって時間が余ったら、もう一度戻って考えるようにすると、効率的に進めることができます。

4. すべての問題に答える
正解がわからなくても解答をマークするようにして、時間内に必ず全問に答えるようにしましょう。

5. テストブックや解答用紙に余分な書き込みをしない
現在の規則では、テストブックや解答用紙に下線を引いたり書き込みをしたりすることは禁止されています。禁止行為が発見された場合は、採点を受けることができないので注意しましょう。

6. 集中して問題に取り組む
高得点を取るためには、雑念を払い、集中して問題に取り組むことが重要です。セクション 1 のリスニング問題が終わった後のセクション 2 では、セクション 1 の緊張感が疲れとなって出ることや、出来が気になって集中できないことがあります。気持ちを切り替えて次の問題に取り組むことが大切です。
試験は、必要事項の記入なども含めると 2 時間以上になり、その間に休憩はありません。長時間にわたり集中力を持続できるよう、日ごろからトレーニングをしておきましょう。

Structure

Directions: Questions 1-15 are incomplete sentences. Beneath each sentence you will see four words or phrases, marked (A), (B), (C), and (D). Choose the **one** word or phrase that best completes the sentence. Then, on your answer sheet, find the number of the question and fill in the space that corresponds to the letter of the answer you have chosen.

1. The Sioux tribes of the plains were pushed farther and farther westward, until they were confined to a reservation in ------- is now South Dakota.
(A) where
(B) that
(C) what
(D) which

2. It was the World War II G.I. Bill, providing educational support for returning veterans, that sent ------- of the middle-class population to college for the first time.
(A) significant a portion
(B) a significant portion
(C) portions of significance
(D) a portion significant

3. By carbon-dating specific material from an archaeological site, researchers can approximate ------- a particular civilization flourished.
(A) the time at which
(B) the time of which
(C) the timing in which
(D) time which in

4. Plastic, the miracle material of the 1950's, has become one of ------- manufactured materials.

(A) most useful world's
(B) the world's most useful
(C) useful world's most
(D) the most useful world's

5. An estuary, which is an inlet appearing at the lower end of a river valley, results from either a rise of sea level or -------.

(A) a sink of the land
(B) the land is sinking
(C) the land which sinks
(D) a sinking of the land

6. Although all of the Earth's oceans form one continuous body of water, ------- has its own distinct characteristics.

(A) the ocean
(B) oceans
(C) each ocean
(D) ocean

7. New Hampshire and Iowa are two of the most important primary elections for a presidential hopeful, ------- California.

(A) the third is
(B) number three is
(C) the third being
(D) the third to be

8. Perhaps the most important use of the science of statistics is ------- probability.

(A) determine

(B) to determine

(C) determined

(D) to be determined

9. ------- all the great American civil rights activists, from Henry David Thoreau to Susan B. Anthony, none is held in as high esteem as Martin Luther King, Jr.

(A) As

(B) In

(C) Of

(D) With

10. -------, the body uses its natural homeostatic system to maintain optimal blood and tissue temperatures.

(A) In sweat

(B) From sweats

(C) By sweating

(D) As sweat

11. ------- a cancer is detected is the main determinant as to whether it can be successfully treated.

(A) The earlier

(B) As early

(C) When earliest

(D) How early

12. The mass "removal" of Native Americans to reservations in the period following the Civil War was intended to serve the interests of frontier settlers, gold miners, and -------.

(A) railroad building
(B) those who built railroads
(C) builders of railroads
(D) railroad builders

13. Either increased labor costs or commodity prices can directly ------- the rate of inflation.

(A) rise
(B) raise
(C) cause rising
(D) arise

14. Poor sanitation has always been ------- causes of infectious disease.

(A) one of a greatest
(B) the greatest ones
(C) ones greatest
(D) one of the greatest

15. Not until a mammal can reproduce -------.

(A) regard it as mature
(B) it is mature in regard
(C) is it regarded as mature
(D) it is regarded as mature

Written Expression

Directions: In questions 16-40 each sentence has four underlined words or phrases. The four underlined parts of the sentence are marked (A), (B), (C), and (D). Identify the **one** underlined word or phrase that must be changed in order for the sentence to be correct. Then, on your answer sheet, find the number of the question and fill in the space that corresponds to the letter of the answer you have chosen.

16. The study of optics comprises three fields, which are its physical,
A B C
physiological, and geometry aspects.
D

17. Resocialization refers to a restructured of personality and attitudes,
A
usually following a period of great stress or turmoil.
B C D

18. The Navaho language has fascinated linguists because of its unusually
A B C D
forms of reference to time.

19. A few air-blown molecule are all that a bloodhound sometimes needs to
A B C
detect a smell.
D

20. During World War I, Woodrow Wilson grazed the few sheep on the
A B C
White House lawn to demonstrate the need for conservation of
D
resources.

21. At (A) his books, Richard Wright explores (B) the hardships and challenges (C) of African American men and (D) women.

22. When (A) more than three quarters (B) of no growth or negative growth occurs (C) in succession, the economy is said to be (D) in recession.

23. Kentucky, which (A) built more than 340 miles of road from 1821 to 1837, it (B) was the first state to participate directly (C) in the (D) construction of roads.

24. The greatest (A) triumph (B) of international disease control has (C) the eradication (D) of the smallpox virus.

25. The auricle, who (A) is the main visible (B) part of the outer ear, actually serves (C) no important acoustic (D) purpose in humans.

26. For (A) half a century iron mining plays (B) an important role in (C) the Minnesota state economy, though its (D) influence is now negligible.

27. In (A) preparation for a marathon (B), runners are currently advised by (C) sports trainers to increase their consume (D) of carbohydrates.

28. Located on Mt. Palomar in Southern California is one of the world's
A B C
largest reflecting telescopes, what measures 200 inches.
D

29. Ontario which is the most productive province in Canada, and it
A B
accounts for nearly forty percent of the nation's entire economic output.
C D

30. It is common for Inuit seal hunters to use dogs to smell out the
A B C
breathing holes used by its quarry.
D

31. Eugene O'Neill is considered the first American dramatist to pioneer
A B
works of serious realistically and uncompromising honesty.
C D

32. The cherry trees of Washington, D.C., blossom at the beginning of
A
April, though occasional they may bloom as early as late March.
B C D

33. A neutron has exactly almost the same mass as a proton, but it carries
A B C
no positive or negative charge.
D

34. Birth, death, and employment rates are among the informations that
A B
demographers must have to make accurate population estimates.
C D

35. Small than the wolf, the western coyote has proven exceptionally
A B
adaptable to the presence of humans.
C D

36. The <u>strong powerful</u> arms <u>and</u> chest of the orangutan make it <u>capable</u> of
A B C
extraordinary <u>physical feats</u>.
D

37. The Declaration of Independence <u>is</u> <u>among</u> the most important
A B
documents <u>exhibit</u> <u>in</u> the Smithsonian Museum.
C D

38. Thomas Jefferson was one <u>of the first</u> plantation <u>owners</u> to <u>practicing</u>
A B C
crop <u>rotation</u>.
D

39. The Black Panthers, a <u>militant</u> group of African Americans
A
<u>during 1960's</u>, rejected integration <u>as</u> a means <u>of gaining</u> civil rights.
B C D

40. Because of <u>their</u> lack of side effects and <u>easy to produce</u>, herbal
A B
<u>medicines</u> have become <u>more commonly</u> accepted in recent years.
C D

Practice Test 1 解答・解説

Structure

1. 解答 (C)

訳 平原の部族のスー族は、西へ西へと追いやられ、とうとう現在のサウスダコタにある特別保留地に押し込められた。

解説 ［**関係詞の問題**］空所の前は前置詞、後ろはbe動詞。空所以下全体が前置詞inの目的語となり、「現在のサウスダコタであるもの」を表すため、先行詞を含む関係代名詞 **(C)** what が正解。

tribe「部族」
westward「西へ」
confine「〜を閉じ込める」

2. 解答 (B)

訳 かなりの数の中産階級の人たちを初めて大学に行かせたのは、帰還する退役軍人に教育的な援助を行った、第二次世界大戦復員者援護法である。

解説 ［**語順の問題**］〈冠詞＋形容詞＋名詞〉の語順が問われている。It was 〜 that … は強調構文で、that以下のことをしたのは the World War II G.I. Bill である。空所から of the middle-class population までは sent の目的語であると判断する。空所の後の of とのつながりを文法的、意味的に考えると「かなりの数の中産階級の人々」を表す **(B)** が語順として適切である。

veteran「退役軍人」

3. 解答 (A)

訳 研究者は、放射性炭素を使って遺跡から出た特定の資料の年代測定を行うことで、ある特定の文明が栄えた時期を概算することができる。

解説 ［**関係詞の問題**］approximate は形容詞で用いられることが多いが、ここでは動詞で、その目的語の構造が問われている。「時期」を表す time の場合、それに続く関係代名詞 which の前に来る前置詞は of ではなく、at that time のように at となるので正解は **(A)**。

approximate
「〜を概算する」
flourish「繁栄する」

4. 解答 (B)

訳 プラスチックは1950年代の奇跡の素材であり、世界で最も役に立つ製造物の1つとなった。

解説 ［**語順の問題**］「世界で最も〜」を表すには、the world's が形容詞の最上級の前にある **(B)** が正解。

5. 解答 (D)

訳 河口は川の流域の下流端にできる入り口であり、海面上昇か地盤沈下の結果生じる。

解説 ［**並列構文の問題**］either A or B では、A と B には文法的

estuary「河口」
inlet「入り口、入り江」

に対等な要素が来る。名詞 a rise「上昇」に対する「沈下」は名詞 sinking で表せるため正解は **(D)**。**(A)** の sink は「流し、シンク」の意味の名詞で、「沈下」の意味はないので注意。

6. 解答 (C)

訳 地球上のすべての海は、1つの連続した水域を形成しているが、各々の海には独自の異なった特徴がある。

解説 **[主語と動詞の問題]** 空所には文の主語が入るが、動詞が三人称単数現在なので **(B)** は誤り。文脈から oceans のそれぞれが特徴を持っていると考えられるので **(C)** が適切。

continuous「連続的な」
distinct「異なった、別個の」

7. 解答 (C)

訳 大統領候補者にとって、最も重要な予備選挙のうちの2つが、ニューハンプシャー州とアイオワ州であり、3つ目はカリフォルニア州である。

解説 **[分詞の問題]** and などの接続詞がないので、**(A)** や **(B)** だと主語と動詞が文の前半とつながらない。正解の **(C)** は独立分詞構文を作り、現在分詞 being の意味上の主語 the third が分詞の前に位置し、being が接続詞なしでコンマの前後をつないでいる。

hopeful「候補者、有望な人」

8. 解答 (B)

訳 ことによると統計学の最も重要な用途は、確率を決定することであるかもしれない。

解説 **[不定詞の問題]** ここでは be 動詞の後は動詞の原形ではなく不定詞が来る。意味を考えると「決定されること」ではなく「決定すること」という能動態が適切なので、**(B)** が正解。

probability「確率、見込み」

9. 解答 (C)

訳 ヘンリー・デービッド・ソローからスーザン・B・アンソニーに至るすべての偉大なアメリカ市民権運動の活動家の中で、マーティン・ルーサー・キング・ジュニアほど尊敬されている人はいない。

解説 **[前置詞の問題]**「すべての〜の中で」の意味で all を用いるとき、その前に来る前置詞は **(C)** Of である。

activist「活動家」
esteem「尊敬」

10. 解答 (C)

訳 汗をかくことで、体は血液と組織の最適な温度を保つよう自然の恒常性システムを働かせている。

homeostatic「恒常性の」

解説 ［品詞の問題］sweat には名詞と動詞があるが、コンマ以降の意味を考えると〈前置詞 by ＋動名詞 sweating〉の **(C)** が正解。

optimal「最適な」

11. 解答 (D)

訳 どれだけ早期にがんが発見されるかが、治療が成功するかどうかに関する主な決定要素である。

解説 ［名詞節の問題］is が 2 つあるが、2 つ目の is が文全体の述語動詞であることがわかれば、空所から detected までが主部となる名詞節を作っていることがわかる。空所は名詞節を導く副詞 How で始まり、「どれだけ早く～するか」を表す **(D)** が正解。

determinant「決定要素」

12. 解答 (D)

訳 南北戦争後の時期に行われた、アメリカ先住民の特別保留地への大量「移動」は、辺境開拓者、金鉱採掘者、鉄道建設者の利益にかなうように意図された。

解説 ［並列構文の問題］主語は "removal"、述語動詞は was intended。interests of の後に frontier settlers と gold miners と空所が並列になっているので、空所には形のそろう **(D)** の railroad builders を入れる。

removal「移動、撤去」
settler「開拓者」
miner「採掘者」

13. 解答 (B)

訳 人件費や物価の上昇は、インフレ率を直接上昇させうる。

解説 ［自動詞と他動詞の問題］直後に目的語があるので、空所には「～を上昇させる」を意味する他動詞 **(B)** raise を入れる。**(A)** rise は自動詞「上昇する」、**(D)** arise は自動詞「生じる」。

commodity「商品」

14. 解答 (D)

訳 劣悪な下水設備は、常に伝染病の最も大きな原因の 1 つとなってきた。

解説 ［比較の問題］〈one of the ＋形容詞の最上級＋名詞の複数形〉は「最も～な…のうちの 1 つ」を表す表現。**(D)** が正解。

sanitation「公衆衛生、下水設備」
infectious「伝染性の」

15. 解答 (C)

訳 ほ乳類は繁殖できて初めて、大人と見なされる。

解説 ［倒置の問題］Not until のような否定を表す語句が文頭に来ると、後半で倒置が起こり、主語の前に助動詞や be 動詞が来る。**(C)** is it regarded ～が正解。**(D)** は倒置が起こらない場合の語順。

mammal「ほ乳類」
reproduce「繁殖する」

Written Expression

16. 解答 **(D)** ㊙geometry → 正geometrical

訳 光学の研究は3つの分野から成り立っており、それは物理学的、生理学的、幾何学的側面である。

解説 ［並列構文の問題］3つのaspectsは形容詞を並べているので、physical、physiologicalと同じように **(D)** のgeometryを形容詞geometricalに変えるのが正しい。

optics「光学」
physiological「生理学的な」
geometrical「幾何学の」

17. 解答 **(A)**

誤restructured → 正restructuring

訳 再社会化とは、通常大きなストレスや混乱の時期の後の人格や態度の再構築を意味する。

解説 ［品詞の問題］前置詞toの後にあり、冠詞aと前置詞ofに挟まれているので、分詞restructuredは名詞restructuringとする。

restructuring「再構築」
turmoil「混乱」

18. 解答 **(D)** 誤unusually → 正unusual

訳 ナバホ族の言語は、時を言い表すその独特の形式で言語学者を魅了してきた。

解説 ［品詞の問題］formsは名詞であり、それを修飾するのは副詞unusuallyではなく、形容詞unusualである。

fascinate「～を魅了する」

19. 解答 **(A)** 誤molecule → 正molecules

訳 ブラッドハウンド犬は、風に飛ばされたわずかな分子さえあれば、ときににおいを感知することができる。

解説 ［単数と複数の問題］主語はmolecule、述語動詞はare。thatは関係代名詞で、a bloodhound以降がallを修飾しており、「～が、ブラッドハウンド犬がときに必要とするすべてだ」、つまり「ブラッドハウンド犬はときに～しか必要としない」の意味になる。moleculeは数えられる名詞であり、前にA few、後にareがあるので、単数moleculeではなく、複数moleculesになる。

molecule「分子」

20. 解答 **(B)** 誤the → 正a

訳 第一次世界大戦中、ウッドロウ・ウィルソンは資源保護の必要性を示すため、ホワイトハウスの芝生に数頭のヒツジを放牧した。

解説 ［冠詞の問題］特定の文脈がない場合、fewは冠詞なしで「ほとんど～ない」の意味で用いるか、冠詞aをつけてa few ～「2, 3の～」の意味で用いる。ここではa fewとするのが正しい。

graze「～を放牧する、～に牧草を食べさせる」
conservation「保護」

21. 解答 (A) 誤At → 正In

訳 リチャード・ライトは彼の著書で、アフリカ系アメリカ人の男女の苦難と挑戦を探究している。

解説 ［**前置詞の問題**］「彼の著書（の中）で」を表すのは、at his books ではなく in his books である。

22. 解答 (C) 誤occurs → 正occur

訳 3四半期を超えるゼロ成長やマイナス成長が続けて起こったとき、経済は不況の中にあると言われる。

解説 ［**一致の問題**］When で始まる節の中の of no growth or negative growth は quarters を修飾する語句であり、quarters が節の主語である。よって動詞は occurs ではなく occur になる。

succession「連続」

23. 解答 (B) 誤it → 正it を削除

訳 ケンタッキー州は、1821年から1837年にかけて340マイルを超える道路を建設したが、道路建設に直接加わった最初の州であった。

解説 ［**重複の問題**］文の主語は Kentucky で、コンマで挟まれた which から1837までは Kentucky について説明している部分である。文の述語動詞は was だが、主語はすでにあるので、was の前の it は不要である。

24. 解答 (C) 誤has → 正has been または is

訳 国際的な疾病管理における最大の勝利は、天然痘ウイルスの撲滅である。

解説 ［**脱落の問題**］文の意味を考えると、動詞は has では意味が通らない。現在完了形の has been にしなければならない。もしくは現在形 is にすることも可能である。

triumph「勝利」
eradication「撲滅、根絶」
smallpox「天然痘」

25. 解答 (A) 誤who → 正which

訳 耳介は外耳の主に見えている部分であるが、実際には人間にとって聴覚に関する重要な役割を果たすわけではない。

解説 ［**関係詞の問題**］文脈から auricle は人ではなく物だとわかるので、これを先行詞とする関係代名詞は which である。

auricle「耳介」
acoustic「聴覚の」

26. 解答 (B) 誤plays → 正played

訳 現在ではその影響はごくわずかであるが、半世紀にわたり、鉄鉱石の採掘はミネソタ州の経済において重要な役割を果たした。

negligible「ごくわずかの」

解説 ［**時制の問題**］「半世紀にわたり」から判断して、現在形 plays は不適切だと考えられる。後半の now に特に注意して文を読むと、この文は過去と現在の状態を比較しているとわかるので、過去についての前半部分の動詞は過去形 played になる。

27. 解答 (D) 誤 consume → 正 consumption

訳 マラソンに備えて、今日ではランナーは炭水化物の消費量を増やすように運動トレーナーから忠告される。

解説 ［**品詞の問題**］to 不定詞以下が advise される内容。increase の後にはその目的語が来ているが、代名詞 their と前置詞 of の間は動詞 consume ではなく、名詞 consumption を用いる。

carbohydrate「炭水化物」

28. 解答 (D) 誤 what → 正 which

訳 南カリフォルニアのパロマー山に、世界最大の反射望遠鏡の1つがあり、その大きさは200インチである。

解説 ［**関係詞の問題**］what は先行詞を含む関係代名詞である。one of the world's largest reflecting telescopes はその後の関係詞節の先行詞になっており、これを受ける関係代名詞は what ではなく which を用いる。なお、この文のように、特に場所など強調したい言葉を文頭において倒置することがあり、ここでは Located on ... を文頭に置いている。

reflect「反射する」
telescope「望遠鏡」

29. 解答 (A) 誤 which → 正 which を削除

訳 オンタリオ州はカナダで最も生産性の高い州であり、国全体の経済生産高のほぼ40%を占める。

解説 ［**重複の問題**］Ontario の直後に which が来るとその関係詞節の後に文の述語動詞が必要になるが、後半は and it accounts for ～と別の節で、文前半の述語動詞は見当たらない。which を削除すれば文が成立し、Ontario is が文の前半の主語と述語動詞、it accounts が後半の主語と述語動詞となる。

province「（カナダなどの）州」
account for ～「（割合など）を占める」
output「生産高」

30. 解答 (D) 誤 its → 正 their

訳 イヌイットのアザラシ狩猟者が、獲物が使う空気孔をかぎ出すのに犬を使うのは一般的である。

解説 ［**代名詞の問題**］形式主語 It の内容を for 以下が説明している文である。意味を考えると、quarry は Inuit seal hunters の獲物なので、代名詞は their であり its ではない。

Inuit「イヌイット族〈北米最北端部の先住民族〉」
seal「アザラシ」
quarry「獲物」

31. 解答 **(C)** ㊎realistically → ㊣realism

訳 ユージン・オニールは、真の写実主義と妥協しない誠実性を示す作品を開拓した最初のアメリカ人劇作家と見なされている。

解説 **［並列構文の問題］** of の後には名詞などが来る必要があるが、serious realistically では意味が通じない。ここでは作品の特徴を of の後に 2 つ並列しているので、〈形容詞＋名詞〉uncompromising honesty に合わせて serious realism にするのが正しい。

uncompromising
「妥協しない」

32. 解答 **(C)** ㊎occasional → ㊣occasionally

訳 ワシントン D.C. のサクラは 4 月の初めに咲くが、ときには 3 月後半という早い時期に咲くこともある。

解説 **［品詞の問題］** may bloom を修飾するのは形容詞 occasional ではなく、副詞の occasionally である。

blossom「開花する」

33. 解答 **(B)**

㊎exactly almost → ㊣almost exactly

訳 中性子は陽子とほぼまったく同じ質量だが、正も負も電荷を帯びていない。

解説 **［語順の問題］** almost は通常修飾する語の前に来るので、almost exactly となる。

neutron「中性子」
proton「陽子」
charge「電荷」

34. 解答 **(B)**

㊎informations → ㊣pieces of information

訳 出生率、死亡率、雇用率は、人口統計学者が正確な人口の見積もりを算出するのに必要とする情報の一部である。

解説 **［単数と複数の問題］** information は「情報」を意味するときは数えられない名詞なので、pieces of information が正しい。

demographer
「人口統計学者」
estimate
「見積もり、概算」

35. 解答 **(A)** ㊎Small than → ㊣Smaller than

訳 ウェスタンコヨーテは、オオカミより小さく、人間の存在に並外れた順応性を示すことがわかっている。

解説 **［比較の問題］** than を使って western coyote を wolf と比較しているので、形容詞 Small は比較級 Smaller に変える。

exceptionally
「並外れて」
adaptable
「順応性のある」

36. 解答 **(A)**

㊎strong powerful → ㊣strong または powerful

訳 オランウータンは腕と胸が強いので、体を使って並外れた芸当ができる。
解説 ［**重複の問題**］strong と powerful は同じような意味なので、片方だけでよい。

extraordinary「並はずれた」
feat「芸当」

37. 解答 (C)

㊟exhibit → ㊣(which [that] are) exhibited

訳 独立宣言書は、スミソニアン博物館に展示されている最も重要な文書の1つである。
解説 ［**分詞の問題**］documents の後の部分は documents を修飾しているので、過去分詞 exhibited で始まる形容詞句にするか、関係詞節にして which [that] are exhibited にする。

exhibit「～を展示する」

38. 解答 (C) ㊟practicing → ㊣practice

訳 トーマス·ジェファーソンは、輪作を実行した最初のプランテーション所有者の1人であった。
解説 ［**不定詞の問題**］to 以下は owners を修飾しており、〈to＋動詞の原形〉で「～する owner」という意味を表す不定詞を作る。to practicing ではなく to practice にするのが正しい。

crop rotation「輪作〈同じ土地で異なる種類の作物を一定の順序で栽培すること〉」

39. 解答 (B)

㊟during 1960's → ㊣during the 1960's

訳 ブラック・パンサーは、1960年代のアフリカ系アメリカ人の戦闘的組織であり、市民権を得る手段としての人種差別撤廃による統合を拒否した。
解説 ［**冠詞の問題**］年代を表す 1960's の前には冠詞 the が必要。

militant「戦闘的な」
integration「人種差別撤廃による統合」
civil rights「公民権」

40. 解答 (B)

㊟easy to produce → ㊣ease of production

訳 薬草を用いた薬は、副作用の少なさと製造の容易さのため、近年ますます一般的に受け入れられるようになっている。
解説 ［**並列構文の問題**］Because of の後に理由が2点挙げられているが、1番目が名詞句になっているので、2番目も同じように ease of production という名詞句にする。

side effect「副作用」

Practice Test 2 問 題

Time 25 Minutes

Structure

Directions: Questions 1-15 are incomplete sentences. Beneath each sentence you will see four words or phrases, marked (A), (B), (C), and (D). Choose the **one** word or phrase that best completes the sentence. Then, on your answer sheet, find the number of the question and fill in the space that corresponds to the letter of the answer you have chosen.

1. A sharp eye for particular symptoms and a good general understanding of disease theory ------- to become a master physician.

(A) is necessity
(B) are necessary
(C) are the necessities
(D) necessary

2. The winds off Lake Michigan keep Chicago cooler in the summer, ------- the city's winters more severe.

(A) also they have made
(B) they make also
(C) also they are making
(D) but they also make

3. The place where two crustal plates meet ------- a fault.

(A) called
(B) is call
(C) is called
(D) call

4. Highly introverted and intelligent, ------- of great philosophical and poetical elegance.

(A) poems by Emily Dickinson
(B) Emily Dickinson's poems
(C) Emily Dickinson wrote poems
(D) that Emily Dickinson's poems

5. -------, a tremendous amount of energy is suddenly released.

(A) When an earthquake occurs
(B) An earthquake occurs
(C) If occurring an earthquake
(D) For an earthquake to occur

6. Utilitarianism is a philosophy ------- underlying ethical principle is to make moral choices that benefit the most people.

(A) which
(B) that
(C) whose
(D) of

7. Among the fiercest of all animals -------, which has been known to defend itself successfully even against wolves and bears.

(A) the wolverine
(B) is the wolverine
(C) being the wolverine
(D) wolverine

8. Not only ------- to detect impulses from outer space, but they are also employed to note the absence of such impulses.

(A) are radio telescopes used

(B) used radio telescopes

(C) radio telescopes are used

(D) using radio telescopes

9. ------- during the course of peoples' lives are far more important than genetic inheritance in determining the level of well-being they achieve in their old age.

(A) Experiences occur

(B) Whatever experience occurred

(C) Experiences occurring

(D) Occurred experiences

10. Salt marshes, usually in the form of tidal estuaries, provide a unique habitat in which rare forms of marine life -------.

(A) can be thriving

(B) have been thrived

(C) can thrive

(D) thriving

11. ------- the speed of light, electromagnetic radiation maintains a constant rate of propagation.

(A) Travel

(B) Traveling at

(C) Traveling to

(D) Travel for

12. As the number of mid-19th century immigrants who settled in New York increased, ------- the incidence of tuberculosis.

(A) so did
(B) in addition
(C) afterward
(D) nevertheless

13. Possessing great personal popularity, but -------, Ulysses S. Grant has been judged by historians as one of America's most incompetent presidents.

(A) little political skill
(B) with little political skill
(C) little in political skills
(D) little skilled in politics

14. The formation of tornadoes, -------, seems to require moist warm air at low levels and dry cool air at upper levels.

(A) understood even today not well
(B) even today not well understood
(C) not well today even understood
(D) today not well even understood

15. The internal combustion engine was invented in the 19th century, but ------- Henry Ford began the use of mass production did it become economical to manufacture.

(A) when
(B) not until
(C) where
(D) as

Written Expression

Directions: In questions 16-40 each sentence has four underlined words or phrases. The four underlined parts of the sentence are marked (A), (B), (C), and (D). Identify the **one** underlined word or phrase that must be changed in order for the sentence to be correct. Then, on your answer sheet, find the number of the question and fill in the space that corresponds to the letter of the answer you have chosen.

16. Somnambulism is a condition under that people walk while asleep and
A B
upon awakening have no recollection of their actions.
C D

17. Salt it is composed of two elements: sodium and chlorine.
A B C D

18. During his presidency, Calvin Coolidge vetoed more bills than
A B
any president in the history of the United States.
C D

19. Fluoride, administer to children in the proper dosage, significantly
A B C
reduces tooth decay.
D

20. Heat is necessarily to convert water at its boiling point into steam at a
A B C
slightly higher temperature.
D

21. In the rural United States, plant crops, tending animals, and chopping
A B
cotton have always been tasks performed by men and women alike.
C D

22. Half of the population for Minnesota resides in Minneapolis or St. Paul,
A B
which form a single urban area known as the Twin Cities.
C D

23. The salesperson is a natural outgrowth of the industrial era since most
A B
goods are manufactured for exchange rather than a personal use.
C D

24. Air transportation is conducted on the accepted internationally principle
A B
that each nation has sovereignty over the airspace above it.
C D

25. A large island in Lake Superior, Isle Royale National Park support the
A B
biggest moose herds and wolf population in North America.
C D

26. Due to their susceptible to the disease, many Native Americans died of
A B
the smallpox introduced by whites during the 19th century.
C D

27. The basic principles of superconductivity had been understood
A
for a long time, but the major breakthrough occurs in the mid-1980's.
B C D

28. A simple injection of antibiotics is still in many cases enough to
A B C
heal and cure bacterial infections.
D

29. The muskrat is a semiaquatic rodent with thick fur, webbed feet, and
A B C
sharp tooth.
D

30. Rocky Mountain spotted fever is the name of a disease then it is spread
A B
by ticks indigenous to that region.
C D

31. When sewing cloth made from artificial fiber, it is important to use fine
A B
needles or else holes will be left in them.
C D

32. The idea of utilize sunlight and ocean tides for producing power was
A B
first proposed in the 19th century.
C D

33. Of all land and sea mammals, the blue whale is the most largest.
A B C D

34. The deeper layers of the polar ice cap have remained virtually
A B C
unchanged since centuries.
D

35. Herbert Smyth, who taught at Harvard from 1901 to 1925, was
A
unquestionable the foremost Greek scholar of his time.
B C D

36. In architecture, a load-bearing wall is one supports the weight of roofs
A B C
and floors above it.
D

37. Owing to its deep, topography, and location, San Diego Bay provides
A B C
one of the world's best natural harbors.
D

38. The methodology used (A) in a scientific experiment (B) is so (C) significant in the research as the findings themselves (D).

39. Poison ivy is (A) one of the several wild plant (B) which hikers must take (C) special care to avoid (D).

40. Quarks were (A) purely theoretical entities before the develop (B) of the most (C) powerful (D) particle accelerators.

Practice Test 2 解答・解説

Structure

語句

1. 解答 (B)

訳 特定の症状に対する鋭い目と、疾病理論に対する優れた総合的理解が、卓越した内科医になるために必要である。

解説 **[一致の問題]** 主語は eye と understanding の 2 つで、動詞は are になる。「～になるために必要である」を表すのは **(B)**。

symptom「症状」
physician「内科医、医師」

2. 解答 (D)

訳 ミシガン湖からの風は、シカゴの夏を涼しくするが、冬をより厳しいものにもする。

解説 **[接続詞および時制の問題]** 空所の前の部分は節であり、コンマの後の後半部分も節になっている。節と節を結びつける接続詞が必要であり、また意味を考えると Lake Michigan の一般的な説明のため現在形が適切であるので、**(D)** が正解。

3. 解答 (C)

訳 2 つの地殻プレートがぶつかる所は断層と呼ばれる。

解説 **[能動態と受動態の問題]** 主語は place で、空所部分に述語動詞が入る。主語が「呼ぶ」のではなく、「断層と呼ばれる」ので、受動態の〈be 動詞 + 過去分詞〉の **(C)** が正解。

crustal「地殻の」
fault「断層」

4. 解答 (C)

訳 エミリー・ディキンソンは非常に内向的で知的であり、たいへん哲学的で詩的な優雅さを持つ詩を書いた。

解説 **[主語と動詞の問題]** 文全体を見ると、空所に主語と動詞が必要であることがわかる。主語と動詞があるのは **(C)** のみである。

introverted
「内向的な」

5. 解答 (A)

訳 地震が起きるとき、巨大な量のエネルギーが突然放出される。

解説 **[副詞節の問題]** コンマの後の部分に文の主語と動詞がある。意味から考えると「地震が起きるとき」を表す副詞節 **(A)** が適切。**(B)** ではコンマの前後の節が結びつかず誤り。

tremendous
「巨大な」

6. 解答 (C)

訳 功利主義は、最大多数の人々に利する道徳的選択をするという倫理的な原理を根底に持つ哲学である。

解説 **[関係詞の問題]** 文の主語は Utilitarianism、述語動詞はその

utilitarianism
「功利主義」
ethical「倫理的な」

次の is。空所の後には節があり、principle が主語、2つ目の is が述語動詞。principle は「philosophy の principle」という関係なので、所有格の関係代名詞 **(C)** whose を用いる。

7. 解答 (B)

訳 全動物のうち最もどう猛なものの中にクズリがいるが、それはオオカミやクマからでさえうまく身を守ることで知られている。

解説 ［**主語と動詞の問題**］which 以下は空所に入る語を修飾しており、文の主語と述語動詞がないので、空所にはそれが必要であることがわかる。主語は wolverine、動詞は is の **(B)** が正解。なお、この文では、Among the fiercest of all animals が強調のため文頭にあり、動詞は主語の前に置かれている。

fierce「どう猛な」
wolverine
「クズリ〈北米産イタチ科肉食動物〉」

8. 解答 (A)

訳 電波望遠鏡は、宇宙からのインパルスを感知するために使われるだけではなく、そのようなインパルスがないことに気づくためにも利用される。

解説 ［**倒置の問題**］Not only で始まる節では、〈助動詞＋主語＋動詞〉や〈be 動詞＋主語＋動詞〉のように倒置が起こるので、**(A)** が正解。**(C)** は倒置が起こらない場合の語順。

telescope「望遠鏡」
impulse
「インパルス〈短時間発生する電流〉、衝撃電流」

9. 解答 (C)

訳 年を取ったときに達成する幸福の水準を決める要素としては、遺伝的に受け継いだものよりも人々が生活するうちに味わう経験の方が、はるかに重要である。

解説 ［**分詞の問題**］文の述語動詞が are であることをまず理解し、そのため空所から peoples' lives までが主部であると推測する。主語は Experiences で、その後の部分は Experiences を修飾する形容詞句なので、occur は現在分詞 occurring になる。正解は **(C)**。

genetic「遺伝子の」
inheritance「遺伝、受け継いだもの」
well-being「幸福」

10. 解答 (C)

訳 塩沼は通常、潮によって生じる河口という形をとり、珍しい形態の海洋生物が成長できる比類のない生息地を提供している。

解説 ［**語の選択および時制の問題**］in which 以下は habitat を先行詞とする関係詞節なので、主語に対する動詞が必要。provide が現在形であり、この文全体が湿地の一般的な説明であることから、現在形を用いた **(C)** の can thrive が適切である。

marsh「湿地、沼地」
tidal「潮の、潮の干満によって生じる」
estuary「河口」
habitat「生息地」
thrive「成長する」

11. 解答 (B)

訳 電磁放射は光速で進み、一定の伝達速度を維持する。

解説 ［**分詞および前置詞の問題**］文の主語は radiation、述語動詞は maintains である。コンマの前の部分では、travel の現在分詞形 traveling を使った分詞構文となる。文脈から考えて、at を加えて「光速で」の意味にする **(B)** が正解。

electromagnetic「電磁気の」
radiation「放射」
propagation「伝達」

12. 解答 (A)

訳 19 世紀中ごろ、ニューヨークに定住した移民の数が増えたように、結核の発生率も上昇した。

解説 ［**語の選択の問題**］空所の後が名詞句だけであることに注目。as ～, so ... の形で「ちょうど～のように…」の意味になるが、後半部分で倒置が起こることがあり did（= increased）が主語 the incidence of tuberculosis の前に置かれている **(A)** が正解。

immigrant「移民」
incidence「発生率」
tuberculosis「結核」

13. 解答 (A)

訳 ユリシーズ・S・グラントは、個人的な人気はとても高かったが、政治的手腕が優れていなかったため、アメリカの最も無能な大統領の 1 人として歴史家たちに評されている。

解説 ［**語順の問題**］空所までの部分は主語 Ulysses S. Grant を修飾している。possess の目的語は great personal popularity と空所部分で、名詞句になっている **(A)** が正解。

possess「～を持つ」
incompetent「無能な」

14. 解答 (B)

訳 竜巻のでき方は現在でもよくわかっていないが、低層での湿った暖かい空気と、高層での乾いた冷たい空気が必要なようである。

解説 ［**語順の問題**］主語は formation、述語動詞は seems。空所は The formation of tornadoes を説明しており、空所の前に which is を補って考えればわかりやすい。正解は not well understood と even today が適切に組み合わさっている **(B)**。

tornado「竜巻」

15. 解答 (B)

訳 内燃機関は 19 世紀に発明されたが、ヘンリー・フォードが大量生産の利用を開始して初めて経済的に製造できるようになった。

解説 ［**倒置および語の選択の問題**］後半の倒置されている did it become が重要なポイント。倒置が起こる状況で空所に入るのは not until である。

combustion「燃焼」
economical「経済的な、安価な」

Written Expression

16. 解答 (A)

誤 under that → 正 under which または in which

訳 夢遊病とは、眠っている間に歩き回り、目覚めると行動の記憶がない状態のことである。

解説 [関係詞の問題] 後半の節の主語は people で動詞は walk と have。その節を導くのは under which または in which。関係代名詞の前に前置詞がある場合、関係代名詞 that は使えない。

somnambulism「夢遊病」
recollection「記憶」

17. 解答 (A) 誤 it → 正 it を削除

訳 塩はナトリウムと塩素の2つの元素からできている。

解説 [重複の問題] 主語は Salt、述語動詞は is であり、Salt の直後の it は不要。

sodium「ナトリウム」
chlorine「塩素」

18. 解答 (C)

誤 any president → 正 any other president

訳 カルビン・クーリッジは、大統領であった間、アメリカ史上のほかのどの大統領よりも多くの法案を拒否した。

解説 [脱落の問題] 最上級を表す表現として〈more ～ than any other＋名詞の単数形〉がある。**(C)** を any other president にする。

veto
「～を拒否する、～に拒否権を行使する」

19. 解答 (A)

誤 administer → 正 when (it is) administered

訳 フッ化物は、適量を子供に投与すると、虫歯をかなり減らす。

解説 [分詞の問題] 主語は Fluoride で述語動詞は reduces。administer は Fluoride を説明しており、「適量で子供に投与されたときは」の意味になると考えられるので、when it is administered にするか、〈主語＋be 動詞〉を省略して when administered とする。

fluoride「フッ化物」
administer
「～を投与する」
dosage「投薬量」
decay「虫歯、腐食」

20. 解答 (A) 誤 necessarily → 正 necessary

訳 沸点にある水をそれより少し高い温度で水蒸気に変えるには、熱を加える必要がある。

解説 [品詞の問題]「～するのに熱が必要である」という意味を表すには、be 動詞の次に副詞 necessarily ではなく形容詞 necessary を用いる。副詞 necessarily は「必ず」や、否定文の中で「必ずしも～とは限らない」を意味する。

convert
「～を変える」

21. **解答** **(A)** ㊙plant → ㊣planting

訳 アメリカの農村部では、作物を植え、動物の世話をし、綿花畑の雑草を取るのは、男性も女性も同じようにいつも行ってきた仕事である。

解説 ［**並列構文の問題**］文の述語動詞は have been で、主語が3点から成っていることに注意。tending animals と chopping cotton に合わせて、最初の plant crops は planting crops に変える。

rural
「農村の、田園の」
tend
「～の世話をする」

22. **解答** **(B)** ㊙for → ㊣of

訳 ミネソタ州の人口の半分はミネアポリスかセントポールに住んでおり、この2都市はツインシティーズの名で知られる1つの都市部を形成している。

解説 ［**前置詞の問題**］文の主語は population、述語動詞は resides。「ミネソタ州の人口」を表すには、「～の」を意味する of を用いて、the population of Minnesota にする。

reside「住む」

23. **解答** **(D)** ㊙a → ㊣a を削除

訳 大部分の商品は個人使用よりもむしろ交換のために作られるので、販売員は工業化時代の自然な副産物である。

解説 ［**冠詞の問題**］since で始まる節は主語が goods、動詞が are manufactured で、文前半の理由を説明している。use には数えられる名詞と数えられない名詞の両方がある。この文は「使用」の意味で数えられない名詞であるので、a は不要である。

outgrowth
「副産物、自然に生じるもの」

24. **解答** **(B)** ㊙accepted internationally
→ ㊣internationally accepted

訳 空輸は、各々の国がその領空の主権を持つという、国際的に認められた原則の下に行われている。

解説 ［**語順の問題**］principle を修飾するのは accepted であり、internationally は accepted を修飾しているので、語順は〈副詞＋過去分詞＋名詞〉となるべき。正しくは internationally accepted principle で「国際的に認められた原則」を表す。

sovereignty「主権」
airspace
「領空、上空」

25. **解答** **(B)** ㊙support → ㊣supports

訳 スペリオル湖内の大きな島であるアイル・ロイヤル国立公園は、北米最大のヘラジカの群れとオオカミの集団を維持している。

解説 ［**一致の問題**］主語 Isle Royale National Park は三人称単数なので動詞は support ではなく supports にする必要がある。

moose
「ヘラジカ、ムース」
herd「群れ」

26. **解答** **(A)**

㊵susceptible → ㊣susceptibility

訳 その病気に感染しやすかったために、多くのアメリカ先住民が、19 世紀に白人によってもたらされた天然痘で死亡した。

解説 ［**品詞の問題**］Due to の後には名詞句が来るので、形容詞 susceptible は名詞 susceptibility にしなければならない。

susceptibility「感染しやすさ」

27. **解答** **(D)** ㊵occurs → ㊣occurred

訳 超伝導の基本原理は長い間わかっていたが、大きな進展は 1980 年代半ばにあった。

解説 ［**時制の問題**］文末の the mid-1980's に注目。過去のことなので、動詞は occurs ではなく occurred になる。

superconductivity「超伝導」
breakthrough「進展、躍進」

28. **解答** **(D)** ㊵heal and cure → ㊣heal

訳 今でも多くの場合、抗生物質を 1 本注射しさえすれば、細菌の感染を治療するのに十分である。

解説 ［**重複の問題**］heal と cure は両方とも「～を治療する」を表す動詞で、2 つとも使うと重複になる。and cure は必要ない。

injection「注射」
antibiotics「抗生物質」
infection「感染」

29. **解答** **(D)** ㊵tooth → ㊣teeth

訳 マスクラットは、厚い毛、水かきのある足と鋭い歯を持つ半水生のげっ歯類動物である。

解説 ［**単数と複数の問題**］tooth は数えられる名詞なので、無冠詞で単数形にはできず、複数形の teeth にしなければならない。

muskrat「マスクラット」
semiaquatic「半水生の」
rodent「げっ歯類動物」

30. **解答** **(B)** ㊵then it → ㊣which または that

訳 ロッキー山紅斑熱とは、その地方固有のダニにより広まる病気の名前である。

解説 ［**関係詞の問題**］then は主に副詞として用いられ、節と節をつなぐ接続詞や関係代名詞としての役割はないことに注意。then it ではなく関係代名詞 which か that を用いる。

tick「ダニ」
indigenous「固有の、土着の」

31. **解答** **(D)** ㊵them → ㊣it

訳 人工繊維から作った布を縫うときは、細い針を使うことが大切であり、そうしないと穴が布に残ってしまう。

解説 ［**代名詞の問題**］「穴が残ってしまう」のは「布に」であり、

fiber「繊維」

cloth は単数形なので、最後の代名詞は them ではなく it となる。名詞とそれを表す代名詞が離れている場合は、特に注意して合致しているかどうかをチェックする。

32. 解答 (A) ㊙of utilize → ㊣of utilizing

訳 動力を産出するために日光や海の潮流を利用する考えは、19 世紀に最初に提案された。

解説 ［**動名詞の問題**］ 文の主語は idea、述語動詞は was proposed。**(A)** の of は前置詞なので、その直後の動詞 utilize は動名詞 utilizing になる。

utilize「～を利用する」

33. 解答 (D) ㊙most largest → ㊣largest

訳 すべての陸と海のほ乳類の中で、シロナガスクジラが最も大きい。

解説 ［**比較の問題**］ 最上級は～est か most をつけるが、両方を同時には使わない。**(D)** は most を除いて largest にする。

34. 解答 (D) ㊙since → ㊣for

訳 極地の氷帽の深い層は、何世紀もの間、実質的に変化しないままである。

解説 ［**前置詞の問題**］ 主語は layers、述語動詞は have remained。since は last year や 1980、19th century のような「（継続する事柄が開始した）ある時点を示す語」とともに用いられ、three months や five years のように「一定の期間を表す語」の前には for を用いる。centuries に対しては for が正しい。

ice cap「氷帽〈山頂部などを覆う小型の氷河〉」

35. 解答 (B)

㊙unquestionable → ㊣unquestionably

訳 ハーバート・スミスは、1901 年から 1925 年までハーバード大学で教えていたが、間違いなく彼の時代で随一のギリシャ語学者であった。

解説 ［**品詞の問題**］ 主語は Herbert Smyth、述語動詞は was。「間違いなく～だった」という意味にするので、動詞 was を修飾する副詞 unquestionably になる。

foremost「随一の」

36. 解答 (B) ㊙one → ㊣one which [that]

訳 建築学では、耐力壁というのは、その上の屋根と床の重さを支える壁のことである。
解説 ［**関係詞の問題**］主語は wall で動詞は is であり、supports 以下は one を修飾しているので、**(B)** の one の後に関係代名詞 which [that] が必要である。one とは a wall のことを指す。

37. 解答 (B) 誤 deep → 正 depth

訳 サンディエゴ湾は、その深さ、地形、位置により、世界最高の天然港の1つを提供している。
解説 ［**並列構文の問題**］主語は San Diego Bay、述語動詞は provides。Owing to its に続くのは3つの名詞だと考えられるので、topography と location と同様に deep を名詞 depth にする。

topography「地形」

38. 解答 (C) 誤 so → 正 as

訳 科学実験で使われる方法は、研究においてその結果と同じくらい重要である。
解説 ［**比較の問題**］主語は methodology、述語動詞は is。「…と同じくらい～だ」を表すのは as ～ as ... である。否定文の場合は not so ～ as ... や not as ～ as ... を用いるが、肯定文では so は用いない。**(C)** は so ではなく as になる。

methodology「方法、方法論」

39. 解答 (B) 誤 plant → 正 plants

訳 ツタウルシは、ハイカーが特に注意して避けなければならないいくつかの野生植物の1つである。
解説 ［**単数と複数の問題**］one of ～の後の可算名詞には複数形を用いることに注意。plant は plants になる。

poison ivy「ツタウルシ」

40. 解答 (B) 誤 develop → 正 development

訳 最も強力な粒子加速器が開発されるまで、クォークは単なる理論上の存在であった。
解説 ［**品詞の問題**］before の後が the develop となっているが、冠詞 the がついており、また後に前置詞 of が続いていることから、名詞でなければならない。そのため名詞 development とする。

theoretical「理論上の」
entity「存在、実体」
particle「粒子」

Practice Test 3 問 題

Time 25 Minutes

Structure

Directions: Questions 1-15 are incomplete sentences. Beneath each sentence you will see four words or phrases, marked (A), (B), (C), and (D). Choose the **one** word or phrase that best completes the sentence. Then, on your answer sheet, find the number of the question and fill in the space that corresponds to the letter of the answer you have chosen.

1. The turbulent political and personal life of Aaron Burr, who served as the nation's vice president from 1801 to 1805, ------- the chaotic early years of the Republic.

(A) reflects
(B) reflecting
(C) was reflected
(D) had reflected

2. No single person played a greater role in shaping American public education ------- the educational philosopher John Dewey.

(A) when did
(B) did
(C) as was
(D) than did

3. The North Central region of the United States suffers from tornadoes in the summer and -------.

(A) blizzards in the winter
(B) in the winter blizzards
(C) winter blizzards
(D) blizzard winters

4. Because ------- different pitches, the timpani are the most expressive of all percussion instruments.
(A) they can be tuned to
(B) they tune to
(C) tuning to their
(D) to tune them to

5. Several non-polluting sources of energy, ------- solar energy, wind energy, and hydrogen energy, show great promise for the future.
(A) with those
(B) among them
(C) of them there are
(D) they are

6. In 1819 General Andrew Jackson, ------- the instructions of President Monroe, launched a war against the Seminoles in order to acquire Florida.
(A) an act on
(B) to act
(C) acting on
(D) the act of

7. One eventual social effect of the rise of the automobile was a youth culture with ------- from adults.
(A) great independent
(B) greater independence
(C) independent great
(D) independence greatest

8. Functioning as a filter for liquids, the kidneys ------- separating waste water from the body.

(A) being responsible for
(B) for being responsible
(C) are responsible for
(D) responsible for

9. ------- other than turkey is an acceptable main dish to serve on Thanksgiving for the vast majority of American families.

(A) Nothing
(B) No
(C) Not any
(D) None

10. As the deer population increased in the Midwest, ------- the tick population that carried Lyme disease.

(A) as did
(B) like
(C) so did
(D) in addition

11. The speed of superconductivity is related, in part, to the temperature ------- the conducting materials are cooled.

(A) of which
(B) that
(C) to which
(D) from what

12. ------- of a single chemical compound or element found naturally as ore or rock.

(A) Minerals consisting
(B) Minerals which consist
(C) Minerals consist
(D) Minerals they consist

13. An atomic clock is the ------- chronometer available to scientists.

(A) precisely
(B) more precise
(C) most precise
(D) precise most

14. Frank Lloyd Wright's buildings, -------, have exerted a powerful influence on American architecture.

(A) utility and beauty designed for
(B) for both utility and beauty designed
(C) both for utility and beauty designed
(D) designed for both utility and beauty

15. Only when it reaches a temperature of 1,085 degrees Celsius -------.

(A) copper melt
(B) does copper melt
(C) copper will melt
(D) melts copper

Written Expression

Directions: In questions 16-40 each sentence has four underlined words or phrases. The four underlined parts of the sentence are marked (A), (B), (C), and (D). Identify the **one** underlined word or phrase that must be changed in order for the sentence to be correct. Then, on your answer sheet, find the number of the question and fill in the space that corresponds to the letter of the answer you have chosen.

16. Although some bacteria cause disease, scores of others they are not only
A B C
harmless but actually beneficial.
D

17. Organized in 1899, the Gideons International is still actively in placing
A B C
copies of the Bible in hotel rooms across North America.
D

18. Many comets have been discovered as a result of the keen observations
A B C
of amateur astronomer.
D

19. The films of the 1920's were instrumental in spreading a homogeneous
A B
urban culture that tends to reduce regional differences for decades.
C D

20. When considered together with its main tributary, the Missouri, the
A B C
Mississippi River is far by the longest in the world.
D

21. Live births by Caesarean section has become more common as surgical
A B C
techniques have improved.
D

22. In the early 1970's Richard Nixon became the first American president
A
to visit China, in spite the poor diplomatic relations between the two
B C D
countries.

23. Among the important equipments of the spelunker, or cave explorer, are
A B C
ropes, helmets, flashlights, and boots.
D

24. Most of the rocks in the Earth's crust are metamorphic rocks than any
A B
other type of rock.
C D

25. Pottery in its widest sense includes all objects who are fashioned from
A B C
clay and then hardened by fire.
D

26. Lake Michigan is the third largest of the Great Lakes and an only one
A B C
located entirely within the boundaries of the United States.
D

27. Despite their slightly unpleasant odor, ethylene is often used as an agent
A B C
to improve the color of citrus fruits.
D

28. Of the two species of ducks, mallards are slightly larger as their cousins
A B C D
the wood ducks.

29. Originally referring to a small town adjacent a railway line, a whistle
A
stop now usually means a brief appearance by a political candidate.
B C D

30. Mirrors are usually associated with the reflect of light, though there are
A B
also mirrors employed to direct sound and radio waves.
C D

31. Its strength and lightness make aluminum is an excellent material for
A B
constructing the external walls of both homes and offices.
C D

32. The Zuni, a Native American tribe, inhabiting the largest concentration
A B C
of pueblo dwellings in New Mexico.
D

33. Domesticated sheep differ from their counterparts in the wild primarily
A B
in size, what color, and quality of their fleece.
C D

34. Musical suspension occurs when the prolong of one note in a chord into
A B C
the next chord produces a temporary dissonance.
D

35. While many caterpillars resemble the plant on which they feed, others
A B
are brightly colored and rely on means other of protection from
C D
predators.

36. Systematic (A) training of professional (B) landscape architects were (C) begun in the United States during (D) the 1890's.

37. Until the polio vaccine became (A) available in the late 1950's, almost (B) regions of the United States suffered widespread (C) outbreaks of the disease every year (D).

38. Of (A) the countless substances found (B) in nature, it is amazing that all were (C) combinations of merely 100 or so (D) chemical elements.

39. Lichens are unique in that (A) they are organisms which are (B) combinations of two total (C) different groups (D) of plants.

40. The radical empiricists of the early 20th century believed that (A) human experience was (B) the only valid (C) test of reality and true (D).

Practice Test 3 解答・解説

Structure

1. 解答 (A)

訳 アーロン・バーは、1801年から1805年まで副大統領を務めた人物だが、彼の波乱に満ちた政治的・個人的な生涯は、共和国初期の混乱した時代を反映している。

解説 ［**時制の問題**］主語はlifeであり、コンマで挟まれた部分はAaron Burrを説明する関係詞節。空所に述語動詞が入るが、文脈から能動態の意味になり**(A)**か**(D)**になる。**(D)**の過去完了は過去のあるときまでの動作の完了や経験などを述べるが、この文では意味上不適切。**(A)**の現在形「反映する」が正解。

2. 解答 (D)

訳 教育哲学者ジョン・デューイほど、アメリカの公教育の形成に大きな役割を果たした人は、誰もいなかった。

解説 ［**比較の問題**］No single personで始まり、形容詞の比較級greaterがあるので、比較級による「～ほど大きな役割を果たした人は誰もいなかった」、つまり、「～が最も大きな役割を果たした」という最上級の意味になると考える。正解は**(D)**。

3. 解答 (A)

訳 アメリカ中北部地域は、夏は竜巻に、冬は大吹雪にみまわれる。

解説 ［**並列構文の問題**］andに注意して、suffers fromの次に2つの対象が来ることを見抜く。2つ目はtornadoes in the summerに合わせて〈名詞＋前置詞＋名詞〉の**(A)**が正解。

4. 解答 (A)

訳 ティンパニは、異なった音の高さに合わせられるので、打楽器すべての中で最も表現力が豊かである。

解説 ［**能動態と受動態の問題**］選択肢から判断して〈because of＋名詞〉の可能性がないので、文の前半はBecauseに導かれる節であり、空所には主語と動詞が必要となる。theyは後に出てくるthe timpaniを指しており、ティンパニは「調律される」ので受動態の**(A)**が正解。**(B)**は能動態で「ティンパニが調律する」ことになるので不正解。

5. 解答 (B)

訳 公害を出さないエネルギー源のいくつかは、将来に向けてたいへん有望であり、その中には、太陽エネルギー、風力エネルギー、

語句

- **turbulent**「波乱に満ちた、動乱の」
- **chaotic**「混沌とした」
- **blizzard**「大吹雪」
- **tune**「～を調律する、合わせる」
- **pitch**「音の高低」
- **expressive**「表現力の豊かな」
- **instrument**「楽器」
- **pollute**「～を汚染する、公害

水素エネルギーがある。
解説 ［**挿入句の問題**］主語は sources、述語動詞は show で、3つの energy は non-polluting sources of energy の例である。「公害を出さないエネルギー源の中には」の意味の **(B)** が正解。

を出す」
hydrogen「水素」

6. 解答 (C)

訳 1819年、アンドリュー・ジャクソン将軍はモンロー大統領の指示に従い、フロリダを獲得するためにセミノール族との戦争を始めた。
解説 ［**分詞の問題**］主語は Andrew Jackson、述語動詞は launched であり、その間の挿入部分は主語を修飾する句である。空所にはその句を導き「～に従って行動している」の意味を示す現在分詞形 **(C)** acting on を入れる。

general「将軍」
act on ～
「～に従って行動する」
launch「～を始める」

7. 解答 (B)

訳 自動車が台頭した結果起こった社会的影響の1つは、大人からますます独立した若者文化であった。
解説 ［**品詞および語順の問題**］前置詞 with の後には名詞が必要であり、independence を含む **(B)** か **(D)** に絞られる。語順と意味から考えて、「さらなる独立」を表す **(B)** が正解。

eventual
「結果として起こる」
independence
「独立」

8. 解答 (C)

訳 腎臓は液体のフィルターとして機能しており、体内から不要な水分を分離する役割を負っている。
解説 ［**主語と動詞の問題**］主語は kidneys。Functioning は分詞であり、文の述語動詞が必要。動詞 are を含む **(C)** が正解。

function「機能する」
kidney「腎臓」

9. 解答 (A)

訳 アメリカの家庭の圧倒的大多数にとって、七面鳥だけが感謝祭に出すメインディッシュとして受け入れられている。
解説 ［**語の選択の問題**］述語動詞は is。主語がないので空所には文の主語が入る。名詞 Nothing を入れて nothing other than ～「ただ～のみ（＝only）、～以外は何も…ではない」とすると適切な意味になるため **(A)** が正解。**(B)** No と **(C)** Not any は主語にならず不正解。**(D)** None は〈of＋名詞〉などとつながるのが普通で、none other than ～を「ほかならぬ～」という意味で用いることもあるが、ここでは意味が合わない。

Thanksgiving
「感謝祭〈神への謝恩のための祭日〉」
majority「大多数」

10. 解答 (C)

訳 中西部でシカの数が増えるにつれて、ライム病を運ぶダニの数も増えた。

解説 ［語の選択および倒置の問題］前半は As で始まる従属節、後半が主節。as ～ so ...「ちょうど～のように…」では、後半で倒置が起こることがある。ここではそれが起きており、主語は population で、述語動詞は空所部分に含まれる。**(C)** が正解。

11. 解答 (C)

訳 超伝導の速度は、伝導体が冷却される温度にある程度関連している。

解説 ［関係詞の問題］空所以下は temperature を修飾する。先行詞 temperature は「ある温度まで伝導体が冷却されるときのその温度」という関係詞節を導き、「～にまで」を表す前置詞 to が必要となるので、〈to + 関係代名詞 which〉の **(C)** が正解。

superconductivity「超伝導」

12. 解答 (C)

訳 鉱物は、鉱石や岩石として天然に見つけられる単独の化合物や元素から成り立っている。

解説 ［主語と動詞の問題］主語は Minerals で、それに対する述語動詞を考える。found は意味から考えてここでは述語動詞ではなく分詞であり、compound or element を修飾している。述語動詞が空所部分に必要であり、**(C)** の consist を用いるのが適切。

mineral「鉱物」
ore「鉱石」

13. 解答 (C)

訳 原子時計は、科学者が利用できる最も精度の高いクロノメーターである。

解説 ［比較の問題］名詞 chronometer を修飾するには **(C)** 最上級を表す〈most + 形容詞 precise〉が正解。

precise「精密な、正確な」
chronometer「クロノメーター〈高精度時計〉」

14. 解答 (D)

訳 フランク・ロイド・ライトの建築物は、実用性と美の両方を考えて設計されており、アメリカの建築様式に大きな影響を与えた。

解説 ［分詞および語順の問題］主語は buildings、述語動詞は have exerted。選択肢から、過去分詞 designed で始めて buildings について説明している挿入句だと見当をつける。for 以下で何のために設計されたか説明している **(D)** が正解。

utility「実用性」
exert「～を及ぼす」

15. 解答 (B)

訳 銅は摂氏1,085度になったとき初めて溶解する。
解説 [倒置の問題] only when, only if など副詞節が〈only + 接続詞〉で始まる場合、主節の語順は通常〈助動詞 + 主語 + 動詞〉になる。(B) の does copper melt が正しい。

Celsius「摂氏」
copper「銅」

Written Expression

16. 解答 (C) 誤 they are → 正 are

訳 病気の原因となる細菌もあるが、ほかの多くの細菌は無害であるのみならず実は有益でもある。
解説 [重複の問題] Although で始まるのは従属節で、主節の主語は others、動詞は are。主語と動詞の間に代名詞 they は必要ない。

scores「多数」

17. 解答 (B) 誤 actively → 正 active

訳 国際ギデオン協会は1899年に創立されたが、北米中のホテルの部屋に聖書を置くことに、今でも積極的に取り組んでいる。
解説 [品詞の問題] 副詞は動詞、形容詞、ほかの副詞、文全体を修飾するが、この文では (B) の副詞 actively が修飾する語句が見当たらない。また、この文では is が in placing と意味的につながらない。〈be 動詞 is + 形容詞 active〉で「積極的である」という意味にして、in placing 以下につなげる形が正しい。

18. 解答 (D) 誤 astronomer → 正 astronomers

訳 多くのすい星が、アマチュア天文学者の熱心な観測の結果、発見されてきた。
解説 [単数と複数の問題] (D) astronomer は数えられる名詞。冠詞 an や the がついていないので、複数形にする必要がある。

comet「すい星」
astronomer「天文学者」

19. 解答 (C) 誤 tends to → 正 tended to

訳 1920年代の映画は、数十年にわたり地域差を減らすことになる均質な都会文化を広めるのに役立った。
解説 [時制の問題] 1920年代の映画についての文であり、述語動詞は過去形 were が使われている。文脈から過去のこととわかるので、that 以下の関係詞節の動詞も過去形 tended が適当。

instrumental「役立つ」
homogeneous「均質の」

20. 解答 (D) 誤 far by → 正 by far

訳 ミシシッピ川は、その主な支流であるミズーリ川とともに考え

tributary「支流」

ると、群を抜いて世界最長の川である。
解説［**語順の問題**］主語は Mississippi River、述語動詞は is。最上級を強調するのに使う表現は by far である。

21. 解答 (B)

㊭has become → ㊣have become

訳 帝王切開による出生は、外科技術の進歩とともに、より一般的になってきた。
解説［**一致の問題**］主語 births が複数なので、それに合わせて動詞は have become になる。この文の live は形容詞。

Caesarean section「帝王切開」
surgical「外科の」

22. 解答 (C)

㊭in spite → ㊣in spite of または despite

訳 1970 年代初頭に、リチャード・ニクソンは、アメリカと中国の外交関係が良好でないにもかかわらず、中国を訪問した最初のアメリカ大統領になった。
解説［**前置詞の問題**］**(C)** in spite の後には of が必要。「～にもかかわらず」を表すのは in spite of のほかに despite がある。

diplomatic「外交の」

23. 解答 (B) ㊭equipments → ㊣equipment

訳 スピランカー、つまり洞窟探検家の大切な装備には、ロープ、ヘルメット、懐中電灯、長靴が含まれる。
解説［**単数と複数の問題**］equipment はここでは集合名詞で、単数形で使う。

equipment「装備」
spelunker「洞窟探検家」
explorer「探検家」

24. 解答 (A) ㊭Most → ㊣More

訳 地球の地殻に含まれる岩石は、ほかのどの種類の岩石よりも変成岩が多い。
解説［**比較の問題**］than があるので形は比較級であり、than any other ... で「ほかのどの…よりも～だ」を表すことに注目。**(A)** の Most は比較級 More に変える。

crust「地殻」
metamorphic「変成の」

25. 解答 (B) ㊭who → ㊣which または that

訳 最も広い意味では、陶器とは粘土から形作られ、それから火で硬化されたすべての物を含む。
解説［**関係詞の問題**］主語は Pottery、述語動詞は includes。objects を先行詞にする場合、主格を表す関係詞は who ではなく

pottery「陶器」
fashion「～を形作る」
clay「粘土、土」

which または that になる。

harden「～を硬化させる」

26. 解答 **(B)** 誤 an → 正 the

訳 ミシガン湖は、五大湖の中では3番目に大きく、アメリカ国境内に完全に入っている唯一の湖である。

解説 ［**冠詞の問題**］only one は特定の人や事物なので、前に来る冠詞は an ではなく the である。

boundary「境界線」

27. 解答 **(A)** 誤 their → 正 its

訳 エチレンはそのわずかに不快なにおいにもかかわらず、柑橘系の果物の色をよくする作用物としてしばしば用いられる。

解説 ［**代名詞の問題**］主語は ethylene、述語動詞は is。**(A)** their は ethylene のことを指しているが、ethylene は不可算名詞で単数形なので、their ではなく its とする。ある名詞を指す代名詞がその名詞よりも前に出てくるときは、特に注意が必要。

odor「におい」
ethylene「エチレン」
agent「作用を起こす物」

28. 解答 **(D)** 誤 as → 正 than

訳 2種類のカモのうち、マガモは、同類のアメリカオシドリよりわずかに大きい。

解説 ［**比較の問題**］larger という比較級があるので、その後は as ではなく than にする。

mallard「マガモ」

29. 解答 **(A)** 誤 adjacent → 正 adjacent to

訳 ホイッスルストップとは、本来は鉄道路線に隣接している小さな町を意味したが、今では政治の候補者が短い間立ち寄ることを通常意味する。

解説 ［**脱落の問題**］主語は whistle stop、述語動詞は means。adjacent は town を修飾しているが、「～に隣接した」を表すときは後に to を伴う。

adjacent「隣接した」

30. 解答 **(B)** 誤 reflect → 正 reflection

訳 通常、鏡は光の反射と結びつけて考えられるが、音波や電波の方向を定めるのに用いられる鏡もある。

解説 ［**品詞の問題**］前置詞 with の後には名詞が来る。冠詞 the と前置詞 of に挟まれていることからも、動詞 reflect ではなく、名詞 reflection が正しいとわかる。

radio wave「電波」

31. 解答 **(A)** 誤 aluminum is → 正 aluminum

訳 アルミニウムはその強さと軽さのため、家でもオフィスでも外壁を作るのに優れた材料となっている。

解説 ［**重複の問題**］主語は strength and lightness、述語動詞は make、make の目的語が aluminum。ここでは〈make + 目的語 + 名詞〉「～を…にする」の形で、aluminum の後の is は不要である。

32. 解答 **(C)** 誤 inhabiting → 正 inhabits

訳 ズーニ族は、アメリカ先住民の部族の1つであるが、ニューメキシコ州最大の先住民集落居住区に住んでいる。

解説 ［**準動詞と動詞の問題**］主語は Zuni であるが、この文のままでは動詞がない。inhabiting を現在形 inhabits に変える。

inhabit「～に住む、存在する」
pueblo「アメリカ南西部の先住民集落」
dwelling「住居」

33. 解答 **(C)** 誤 what color → 正 color

訳 家畜のヒツジは、主に大きさ、色、毛の質において野生のヒツジと異なる。

解説 ［**並列構文の問題**］家畜のヒツジが野生のヒツジと異なっている3つの点が、2つ目の in 以下で挙げられており、1番目と3番目は名詞または名詞句なので2番目も color にする。なお、sheep は単複同形で、ここでは複数扱い。

domesticate「～を家畜にする」
counterpart「対応する人［もの］」
fleece「羊毛」

34. 解答 **(B)**
誤 prolong → 正 prolonging または prolongation

訳 掛留（けいりゅう）は、和音の中の1つの音を後続の和音にも引き伸ばして続けることで、一時的な不協和音が作り出されるときに起きる。

解説 ［**動名詞および品詞の問題**］when に導かれる節の動詞は produces だが、主語がない。「引き伸ばすこと」を表す動名詞 prolonging または名詞 prolongation がその節の主語。

suspension「掛けること、つなぎとめること」
prolong「～を引き伸ばす、長くする」
dissonance「不協和音」

35. 解答 **(D)** 誤 means other → 正 other means

訳 多くのいも虫はそれらが食べる植物に似ているが、ほかのものは鮮やかな色をしており、捕食者から身を守るためにほかの手段に依存している。

解説 ［**語順の問題**］文の前半と後半で2種類のいも虫が対比されている。主節の主語は others、動詞は are と rely。形容詞は基本的に名詞の前に置かれるので、**(D)** は other means の語順になる。

caterpillar「いも虫、毛虫」
feed on ～「～をえさとする」
predator「捕食者」

36. 解答 (C) 誤were → 正was

訳 プロの造園家の体系的な訓練は、1890年代にアメリカで始められた。

解説 ［一致の問題］主語 training は単数形なので、動詞は were ではなく was になる。動詞の形を判断するときに、すぐ前にある複数形の architects に影響されないように注意しよう。

landscape
「景観、眺め」

37. 解答 (B) 誤almost → 正almost all

訳 1950年代後半にポリオのワクチンが入手可能になるまで、アメリカのほとんどの地域がその病気の広範囲な発生に毎年苦しんだ。

解説 ［脱落の問題］「ほとんど（全部）の～」と言いたいときには、〈almost + 複数名詞〉ではなく、〈almost all + 複数名詞〉とする必要があることに注意。ここでは almost all regions のように使う。

vaccine「ワクチン」
region「地域」
outbreak「発生」

38. 解答 (C) 誤were → 正are

訳 自然界で見つかる無数の物質のすべてがたった100程度の化学元素の組み合わせであることは驚きに値する。

解説 ［時制の問題］主語は形式主語 it、述語動詞は is、it の内容を that 以下で述べている。述語動詞は現在形の is であり、この文は一般的な事実を述べていることから、動詞 were は現在形 are に変え、「～の組み合わせである」という意味にするのが適切である。

countless「無数の」
merely「単に」

39. 解答 (C) 誤total → 正totally

訳 地衣類は、2つのまったく異なる植物類を合わせた有機体であるという点で独特である。

解説 ［品詞の問題］この文では total は groups を修飾することになるが、「全体的な異なるグループ」では意味が通じない。「まったく異なるグループ」の意味になるよう変えればよい。形容詞 different を修飾するのは、形容詞 total ではなく副詞 totally である。

lichen「地衣類」
organism
「有機体、生物」

40. 解答 (D) 誤true → 正truth

訳 20世紀初頭の急進的な経験主義者は、人間の経験だけが、現実や真実の正当な試金石であると信じていた。

解説 ［並列構文の問題］believed の内容を示す that 節の中身がポイント。2番目の of の後に reality と true が並列で続いているので、形容詞 true は名詞 reality と同様に名詞 truth にする必要がある。

empiricist
「経験主義者」
valid「正当な」

Practice Test 4 問 題

Time 25 Minutes

Structure

Directions: Questions 1-15 are incomplete sentences. Beneath each sentence you will see four words or phrases, marked (A), (B), (C), and (D). Choose the **one** word or phrase that best completes the sentence. Then, on your answer sheet, find the number of the question and fill in the space that corresponds to the letter of the answer you have chosen.

1. Because only three percent of their state is forested, people in Nebraska ------- great interest in planting trees.

(A) they show a traditional

(B) have traditionally shown a

(C) showing traditionally a

(D) are shown a traditional

2. Owing to the fact that they are largely arboreal, opossums ------- in dry, treeless areas.

(A) one cannot find them

(B) are usually not being found

(C) are not found by one usually

(D) are not usually found

3. ------- fifty states, California is the most important for a presidential candidate to win because of its large share of electoral votes.

(A) When all

(B) Of all the

(C) With all the

(D) More than all

4. *The Jazz Singer*, which appeared in 1927 as the first film with sound, ------- as a musical in playhouses.
(A) on stage as originally
(B) it was originally on stage
(C) had originally been staged
(D) staged originally

5. By the age of three, children ------- nearly all of the phonemes of their native language.
(A) acquired
(B) had acquire
(C) acquiring
(D) acquire

6. The carcasses of woolly mammoths ------- ten thousand years have been found frozen in Arctic ice.
(A) old as
(B) as old
(C) old
(D) as old as

7. Except for that existing as molecules in sedimentary rock, all water on the Earth ------- in a continually repeating cycle of evaporation and condensation.
(A) takes part
(B) is taking part
(C) take part
(D) are taking part

8. During the 1980's, a record 20 percent of all American children at some point ------- the federally defined poverty level.

(A) had lived below
(B) living below
(C) lived below
(D) were lived below

9. Ultrasound, which creates images by bouncing sound waves off bodily organs, now helps physicians to identify ------- disorders.

(A) number of
(B) a good deal
(C) much
(D) a great many

10. Most gems, -------, are actually mineral crystals of unusual color and brilliance.

(A) although thought of as simply precious stones
(B) thought of as precious stone they may simply be
(C) as simply precious stones they are thought of
(D) simply they are thought of as precious

11. After centuries of cultivation, roses can now be found ------- of hues.

(A) in incredible a diversity
(B) incredibly in diversity
(C) a diversity incredible
(D) in an incredible diversity

12. The exhaust fumes of diesel engines contain far more harmful pollutants ------- gasoline-powered engines.

(A) that does

(B) as do

(C) than those of

(D) than do

13. ------- judges to the federal court, a president must consider not only law expertise but also political acceptability.

(A) Appointment of

(B) As appointing

(C) In appointing

(D) The appointing

14. ------- many other domestic insects, the original habitat of the silverfish remains unknown.

(A) As is the case with

(B) As being a case with

(C) With being a case

(D) As the case is

15. The American poet Thomas McGrath explores the dark side of capitalism in the United States with irony, insight, and -------.

(A) wit

(B) he uses wit

(C) witty

(D) he is witty

Written Expression

Directions: In questions 16-40 each sentence has four underlined words or phrases. The four underlined parts of the sentence are marked (A), (B), (C), and (D). Identify the **one** underlined word or phrase that must be changed in order for the sentence to be correct. Then, on your answer sheet, find the number of the question and fill in the space that corresponds to the letter of the answer you have chosen.

16. Nearly (A) every American children (B) learns the legend of (C) young George Washington chopping down (D) the cherry tree.

17. Hearts is a popular (A) family card game (B) because it is (C) easy to learn, playing is enjoyable (D), and simple to keep score.

18. Psychological test (A) is much (B) more likely to be subject to (C) interpretive error than the measurement of a (D) physical object.

19. The longer an (A) electrically (B) power line is, the higher the total voltage it (C) carries should be (D).

20. Until the 1970's, passenger comfort was the (A) more important factor than cost (B) in the (C) American consumer's choice (D) of automobile.

21. The largest commercial (A) port on the (B) west coast of the United States is located (C) at Long Beach there (D).

22. Among all of the cats of North America, there is none largest than the
A B C D
puma.

23. The history of international expositions in the United States began
A
inauspicious in 1853 with a small fair held in New York City.
B C D

24. It was largely since the efforts of Clara Barton that the American Red
A B C
Cross was created in 1881.
D

25. Many of the information transmitted electronically around the world
A B
today is sent by way of fiber-optic cable.
C D

26. Richard Nixon was re-elected to office in 1972, but the Watergate
A B
scandal had forced him to resign in 1974.
C D

27. A universal joint is a special type of coupling between two rotating
A B
shafts which are set at an angle to themselves.
C D

28. Fire is similar to respiration in humans, with oxygen being taken out of
A B C
the environment and carbon dioxide released into them.
D

29. Arthur Meighen was the Canadian politician primarily responsible
A
when the nationalization of the nation's railroads.
B C D

30. In the field of geography, much (A) important geographic (B) work is done by persons who (C) are not geographers by professional (D).

31. It was during a (A) Devonian period some (B) 350 to 400 million years ago (C) that the first amphibians developed (D).

32. Despite (A) the connotations of its name, Salt Lake City is located on (B) one of the most fertile plain (C) in all of (D) North America.

33. The first portion (A) of the Gulf Stream, which in total (B) extends from Florida to Newfoundland, is (C) deep, narrow, and moves fast (D).

34. The swallows of San Juan Capistrano noted (A) for completing their (B) northward migration on (C) the same day (D) each year.

35. The oboe, since its (A) double-reed mouthpiece makes it (B) harder to tune than other instruments, are (C) used to tune the orchestra before (D) a performance.

36. Pollen is production (A) in such (B) quantities that it comprises a significant (C) component of the particles floating (D) in the atmosphere.

37. Beavers are rodents with (A) teeth enough sharp (B) to cut down the trees they need (C) to make their (D) characteristic dams.

38. The avocado it (A) is grown principally (B) in the coastal (C) region of (D) southern California.

39. Tannin, a substance used (A) in the converting (B) of raw hide into leather, obtains (C) from the (D) bark of oak trees.

40. Denver, Colorado, was (A) the site which (B) in 1887 the first formally (C) organized rodeo took place (D).

Practice Test 4 解答・解説

語句

Structure

1. 解答 (B)

訳 州の3%だけが森林なので、ネブラスカ州の人々は、伝統的に植林に大きな関心を示してきた。

解説 ［主語と動詞の問題］主語はpeopleで述語動詞が空所部分に入る。**(A)** は主語theyが余分で **(C)** は適切な形の動詞がなく、**(B)** か **(D)** に絞られるが、この文では能動態が適切で、**(B)**「伝統的に〜を示してきている」を用いる。

traditionally「伝統的に」

2. 解答 (D)

訳 オポッサムは主として樹上で暮らすため、乾燥した木のない地域では普通見つからない。

解説 ［能動態と受動態の問題］主語はopossumsで、後の「乾燥した木のない地域」とのつながりを考えると、受動態「見つけられない」にすべきだと判断でき、**(D)** が正解。**(A)** は一般的な「人」を指すoneを用いているが、opossumsと主語が重なってしまう。**(B)** のare not beingは、受動態「見つけられない」の現在進行形となり、意味が不適切。**(C)** は、**(A)** で用いられているoneを受動態で使うのは不自然。

arboreal「木に住む、樹木の」
opossum「オポッサム〈オポッサム科の有袋類の総称〉」

3. 解答 (B)

訳 カリフォルニア州は、選挙人の投票の大きな部分を占めるため、全50州の中で大統領候補が勝利するのに最も重要な州である。

解説 ［比較の問題］「カリフォルニアがすべての州で最も重要である」という最上級を用いた文。最上級において「〜のすべての中で」に使われる前置詞はofである。

electoral vote「大統領選挙人による投票」

4. 解答 (C)

訳『ジャズ・シンガー』は、初の音声付き映画として1927年に登場したが、もともとは劇場でミュージカルとして上演されていた。

解説 ［名詞と動詞の問題］主語は *The Jazz Singer*、コンマで挟まれた部分は主語を修飾する関係詞節で、述語動詞は空所部分にある。**(A)** は動詞がなく、**(B)** はitが主語と重複するので、stageが動詞として用いられている **(C)** か **(D)** に絞られる。*The Jazz Singer* は「上演される」ものなので、受動態で過去完了の **(C)** が正解。

playhouse「劇場」

5. 解答 (D)

訳 子供は3歳までに、母語のほとんどすべての音素を習得する。

phoneme「音素」

解説 ［**時制の問題**］主語はchildren、述語動詞は見当たらないので空所部分に入ることがわかる。「子供が3歳までに音素を習得する」という一般的な事実を述べているので、現在時制 **(D)** を用いる。

6. 解答 (D)

訳 1万年も前のケナガマンモスの死骸が、北極の氷の中で凍ったまま発見された。

解説 ［**比較および語順の問題**］空所からyearsまではその前のcarcasses of woolly mammothsを修飾している（空所の前にwhich areを補うとわかりやすい）。asは数を強調するのに使われることがあり、as old as ten thousand yearsで「1万年も前の」の意味になるので、**(D)** が正解。

carcass「死骸」
Arctic「北極の」

7. 解答 (A)

訳 地球上のすべての水は、堆積岩の中に分子として存在しているもの以外は、蒸発と凝縮の循環を継続的に繰り返す。

解説 ［**主語と動詞の問題**］文全体を見ると、waterが主語で、述語動詞は空所にあることがわかる。水に関する一般的な事実を述べているので、三人称単数の現在形である **(A)** が適切。

sedimentary「堆積の」
evaporation「蒸発」
condensation「凝縮、凝結」

8. 解答 (C)

訳 1980年代、すべてのアメリカの子供たちのうち、記録的な数である20%が、合衆国政府によって定義された貧困の水準をある時点で下回る暮らしをしていた。

解説 ［**時制および態の問題**］主語はchildren。During the 1980's「1980年代」とあることから、時制は過去時制が適切。**(A)** の過去完了形、**(D)** の受動態は不適切。正解は **(C)**。

federally「合衆国政府によって」
define「～を定義する」

9. 解答 (D)

訳 超音波は、音波を体の器官に反射させることにより像を作るが、現在では医師が非常に多くの病気を特定する助けとなっている。

解説 ［**語の選択の問題**］主語はUltrasound、述語動詞はhelps。問われているのはidentifyの目的語だが、disordersは数えられる名詞の複数形なので、**(C)** のmuchは使えない。**(A)** はa number ofに、**(B)** はa good deal ofにする必要がある。「非常に多くの」を表す **(D)** a great manyが正解。

ultrasound「超音波」
bounce「～を跳ね返す」
organ「器官」
disorder「不調、病気」

10. 解答 (A)

訳 ほとんどの宝石は、単に貴重な石だと考えられているが、実際は珍しい色と輝きを持つ鉱物結晶である。
解説 ［挿入句の問題］主語 gems と動詞 are の間は gems を説明する挿入部分である。挿入部分は分詞や接続詞で始まることが多いが、ここは接続詞 although で始まる節で、後に they are を省略して受動態の「～だと信じられているが」を表す **(A)** が正解。

gem「宝石」
precious「貴重な」
crystal「結晶」
brilliance「輝き」

11. 解答 (D)

訳 バラは、何世紀にもわたる栽培を経て、今では驚くほど多様な色で見られるようになった。
解説 ［語順の問題］found の後に続く句は found を修飾する。「驚くほど多様な色で」を表す **(D)** が正しい。

incredible「驚くべき、信じられない」
diversity「多様性」
hue「色、色あい」

12. 解答 (C)

訳 ディーゼルエンジンの排気ガスは、ガソリンで動くエンジンの排気ガスよりずっと多くの有害汚染物質を含有している。
解説 ［比較および代名詞の問題］主語は fumes、述語動詞は contain。比較級 more harmful が使われており、「ディーゼルエンジンの排気ガス」と「ガソリンで動くエンジンの排気ガス」が比べられているので、比較を表す than を用いる。The exhaust fumes を繰り返す代わりに代名詞 those を使っている **(C)** が正解。

exhaust「排気」
fume「ガス」
pollutant「汚染物質」

13. 解答 (C)

訳 連邦裁判所の判事を任命するとき、大統領は法律の専門知識だけでなく、政治的容認性も考慮に入れなければならない。
解説 ［副詞句および動名詞の問題］主語は president、述語動詞は must consider でどちらもコンマ以降にあるので、コンマの前は副詞句であると判断する。「～を任命する際に」を意味する **(C)** が正解。前置詞 in の後なので、動詞 appoint は動名詞 appointing にすることに注意。

appoint「～を任命する」
expertise「専門知識」
acceptability「容認性、許容できること」

14. 解答 (A)

訳 多くの家庭内にいる昆虫と同様、セイヨウシミの本来の生息地はわからないままである。
解説 ［関係詞の問題］接続詞 as は関係代名詞のような働きをすることがある。主節の一部や全体を先行詞とし、as で始まる節が先行詞である主節より前に出ることが多い。この文もそれにあたり、「～と同様に、～にあることだが」の意味の As is the case with ～ を入れると意味も通るので **(A)** が正解。よく使われる形なのでそ

domestic「家庭の、自国の」
habitat「生息地」
silverfish「セイヨウシミ〈シミ科の昆虫〉」

のまま覚えておくとよい。

15. 解答 (A)

訳 アメリカの詩人トーマス・マグラスは、皮肉と洞察力と機知で、アメリカ資本主義の暗い一面を探求している。

解説［並列構文の問題］with の後は3つの点が述べられており、名詞の irony や insight と同様に3つ目も名詞 **(A)** wit にする。

capitalism「資本主義」
insight「洞察力」
wit「機知」

Written Expression

16. 解答 (B) 誤children → 正child

訳 アメリカのほとんどすべての子供は、サクラの木を切った若かりしジョージ・ワシントンの伝説を学ぶ。

解説［単数と複数の問題］主語は children、述語動詞は learns だが、every は数えられる名詞の単数形とともに用いられるので、children を child に変える。

legend「伝説」

17. 解答 (D)

誤playing is enjoyable → 正enjoyable to play

訳 ハーツは簡単に覚えられ、楽しく遊べ、簡単に得点をつけられるので、人気の高い家族向けのカードゲームである。

解説［並列構文の問題］because で始まる節の構成が問われている。easy to learn と simple to keep score の形がそろっているので、同じように、playing is enjoyable を〈形容詞＋to＋動詞の原形〉の enjoyable to play に変える。

18. 解答 (A) 誤test → 正testing

訳 心理学の実験は、形のあるものの測定よりもはるかに解釈上の誤りが起こりやすい。

解説［動名詞の問題］test は基本的に数えられる名詞なので通常、単数であれば冠詞が必要になるが、文全体の意味を考えると、主語は「1つのテスト」ではなく、「テストすること全般」である。そのため、名詞 test は動名詞 testing になる。

interpretive「解釈上の」

19. 解答 (B) 誤electrically → 正electric

訳 送電線が長ければ長いほど、それが運ぶ総電圧は高くなるはずである。

解説［品詞の問題］〈the＋比較級～, the＋比較級 ...〉「～すれば

voltage「電圧」

するほど…」の構文。「電気の」は名詞 line を修飾するので、副詞 electrically ではなく形容詞 electric を用いる。

20. **解答** **(A)** 誤 the → 正 a

訳 アメリカの消費者が自動車を選択するとき、1970 年代まではコストよりも乗り手の快適さが大切な要素であった。

解説 **[冠詞の問題]** more と than があることから比較級であることがわかる。比較級で「より大切な 1 つの要素」を表すには〈形容詞 + 名詞〉の前に the ではなく a を伴う。

21. **解答** **(D)** 誤 there → 正 there を削除

訳 アメリカ西海岸最大の商業港は、ロングビーチにある。

解説 **[重複の問題]** 主語は port、述語動詞は is。場所を表す語句 at Long Beach があるので、最後の there は重複になり不要。

22. **解答** **(C)** 誤 largest → 正 larger

訳 北米のすべてのネコ科の動物のうち、ピューマほど大きな動物はいない。

解説 **[比較の問題]** none と than から、「～ほど…なものはない」という意味の文にするとわかる。than を伴うのは比較級 larger である。意味は最上級でも形は比較級であることに注意。

23. **解答** **(B)**

誤 inauspicious → 正 inauspiciously

訳 アメリカの国際博覧会の歴史は、1853 年に、ニューヨーク市で行われた小さな見本市で幸先のよくない始まり方をした。

解説 **[品詞の問題]** 主語は history、述語動詞は began。inauspicious は動詞 began を修飾していると考えられるが、形容詞では動詞を修飾できないので、副詞 inauspiciously にする。

exposition「博覧会」
inauspiciously「不吉に、不運に」

24. **解答** **(B)** 誤 since → 正 by

訳 アメリカ赤十字社が 1881 年に設立されたのは、主にクララ・バートンの尽力によるものであった。

解説 **[前置詞の問題]** 強調構文。前置詞 since は「～以来、～から」の意味で、この文には不適切。「that 以下のことは～であった」と「クララ・バートンの尽力」がどうつながるかを考えて、「尽力による」を表す前置詞 by を用いる。

25. 解答 (A) 誤 Many → 正 Much

訳 現在、世界中で電子的に伝達される情報の多くは、光ファイバーケーブルを介して送られる。

解説 ［単数と複数の問題］ many は数えられる名詞に用いられるが、information は数えられない名詞である。数えられない名詞に用いるのは much なので **(A)** の Many を Much に変える。

transmit「～を伝達する」
fiber-optic「光ファイバーの」

26. 解答 (C) 誤 had forced → 正 forced

訳 リチャード・ニクソンは 1972 年に再選されたが、1974 年にウォーターゲート事件で辞職することを余儀なくされた。

解説 ［時制の問題］ 過去完了は、過去のある時点の話をしているときに、それより前のことについて用いる。1972 年や 1974 年より前のことに言及しているわけではないので、過去完了 had forced は使えず、過去時制を表す forced を用いる。

resign「辞職する」

27. 解答 (D) 誤 themselves → 正 each other

訳 自在継ぎ手というのは、ある角度で互いにセットされた 2 つの回転軸間の特殊な連結器である。

解説 ［代名詞の問題］「2 つの回転軸がある角度でセットされ、連結される」ことを理解する。「2 つの回転軸がその 2 つの回転軸自体にセットされた」では意味が通らず、「2 つの回転軸が互いにセットされた」are set at an angle to each other にするのが正しい。

joint「接合部」
coupling「連結器、継ぎ手」
shaft「軸」

28. 解答 (D) 誤 them → 正 it

訳 火は、周囲から酸素が取り込まれ、二酸化炭素が周囲に放出されるという意味で、人間の呼吸と似ている。

解説 ［代名詞の問題］〈with + 名詞 + 分詞〉で表す独立分詞構文で、〈名詞 + 分詞〉の部分が、oxygen being taken と carbon dioxide released の 2 つある。2 つの対比関係から、最後の代名詞は単数形の environment を指すとわかるので、it になる。

respiration「呼吸」
carbon dioxide「二酸化炭素」

29. 解答 (B) 誤 when → 正 for

訳 アーサー・ミーエンはカナダの政治家で、主に自国の鉄道を国営化する責務を負った。

解説 ［句と節の問題］ the nationalization of the nation's railroads は節ではないので、後に節を導く **(B)** when は不適切。よく responsible と一緒に使われる前置詞 for を用いる。

nationalization「国営化」

30. 解答 (D) 誤professional → 正profession

訳 地理学の分野では、地理学を職業としてはいない人たちによって多くの重要な地理学上の功績が残されている。

解説 ［**品詞の問題**］professional には名詞で「専門家」、形容詞で「職業の」という意味があるが、文の意味を考えるといずれも不適切で、「職業は」を意味する by profession が適切である。

31. 解答 (A) 誤a → 正the

訳 最初の両生類が発達したのは、3億5千万から4億年前のデボン紀の間であった。

解説 ［**冠詞の問題**］特定の時代の「デボン紀」を表すには、a ではなく the を用いて the Devonian period とする。

32. 解答 (C) 誤plain → 正plains

訳 ソルトレイクシティーは、その名前の意味合いに反して、北米全体で最も肥沃な平原の1つに位置する。

解説 ［**単数と複数の問題**］plain は数えられる名詞で、one of the most の後では複数形の plains になる。

connotation「意味、含意」
fertile「肥沃な」
plain「平原」

33. 解答 (D) 誤moves fast → 正fast

訳 メキシコ湾流は、全体としてはフロリダ州からニューファンドランド島まで及んでいるが、その最初の部分は深くて狭く速い。

解説 ［**並列構文の問題**］is の次に3つの特徴が挙げられている。3つ目の特徴は、moves fast ではなく、deep と narrow と同じように形容詞 fast にする。

portion「部分」

34. 解答 (A) 誤noted → 正are noted

訳 サン・ファン・カピストラノのツバメは、毎年同じ日に北への渡りを終わらせることでよく知られている。

解説 ［**脱落の問題**］主語は swallows で、述語動詞がない。形容詞 noted につながる述語動詞 are が必要。

swallow「ツバメ」
northward「北方への」
migration「移動、渡り」

35. 解答 (C) 誤are → 正is

訳 オーボエは、ダブルリードのマウスピースのため、ほかの楽器よりもチューニングが難しいので、演奏前にオーケストラの音合わせに使われる。

解説 ［**一致の問題**］since で始まる節が間に入っているが、主語

oboe はコンマの後の are につながっているはず。oboe が単数形なので、動詞は are ではなく is を用いる。

36. 解答 (A) 誤 production → 正 produced

訳 花粉は非常に大量に作られるので、大気中に漂う微粒子の重要な構成要素となっている。

解説 ［品詞の問題］ Pollen = production ではないので、**(A)** は誤り。代わりに produced を用いて、「花粉は作られる」を表す受動態を作る。

pollen「花粉」
quantity「量」
component「成分、構成要素」
particle「（微）粒子」
float「漂う」

37. 解答 (B)

誤 enough sharp → 正 sharp enough

訳 ビーバーはげっ歯類であり、独特のダムを作るのに必要な木を切り倒すのに十分な鋭い歯を持っている。

解説 ［語順の問題］ 副詞 enough は形容詞や副詞などを修飾する際はその後に用いるので、sharp enough になる。

characteristic「独特な」

38. 解答 (A) 誤 it → 正 it を削除

訳 アボカドは、主にカリフォルニア南部の沿岸地域で栽培されている。

解説 ［重複の問題］ 主語は avocado、述語動詞は is grown であり、avocado の直後の代名詞 it は主語が重複するので不要である。

principally「主に」

39. 解答 (C) 誤 obtains → 正 is obtained

訳 タンニンは、生皮をなめし革に変えるのに使われる物質であり、オークの木の樹皮から得られる。

解説 ［能動態と受動態の問題］ コンマで挟まれた部分は Tannin を修飾しており、文の主語は Tannin、述語動詞は obtains だが、タンニンは「得られる」ので、受動態 is obtained を用いる。

hide「皮」
bark「樹皮」

40. 解答 (B) 誤 which → 正 where

訳 コロラド州デンバーは、1887 年に初めて正式に組織されたロデオが行われた場所であった。

解説 ［関係詞の問題］ site はその後の関係詞節における主語や目的語の役目をしていないので、関係代名詞 which は使えない。〈接続詞 and＋副詞 there〉の働きをする関係副詞 where が適当。

site「場所」

Practice Test 5 問　題

Time 25 Minutes

Structure

Directions: Questions 1-15 are incomplete sentences. Beneath each sentence you will see four words or phrases, marked (A), (B), (C), and (D). Choose the **one** word or phrase that best completes the sentence. Then, on your answer sheet, find the number of the question and fill in the space that corresponds to the letter of the answer you have chosen.

1. ------- the Pleistocene era, widespread continental ice sheets repeatedly covered large areas in the northern hemisphere.

(A) During
(B) While
(C) When
(D) Prior

2. The male mosquito ------- the female because of its bushier antennae.

(A) usually distinguished from
(B) can distinguish itself and with
(C) is distinguishing usually
(D) can usually be distinguished from

3. The process of osmosis ------- through a membrane in order to equalize the conditions on both sides of the membrane.

(A) involves the passing of a fluid
(B) involving fluid passing
(C) which involves passing fluid
(D) involves fluid to pass

4. The fact that respiratory diseases are prevalent in cold climates may be ------- infection spreads in crowded indoor conditions than to the climate itself.

(A) a relationship between how easily
(B) related to how easy
(C) more related to the ease by which
(D) much more the relationship of how

5. It was not until 1870 ------- public education was established in Mississippi.

(A) which uniformly systematic
(B) that a uniform system of
(C) a system of uniform
(D) when a uniform system of

6. Only five of the seven stars in the constellation Pleiades ------- the naked human eye.

(A) being visible clearly with
(B) are clearly visible to
(C) are there which visible to
(D) they are visible clearly by

7. Mechanical power transmission refers to ------- through and among machines by means of mechanical devices, such as pulleys or gears.

(A) its powerful transfer
(B) transfer the power
(C) the transfer of power
(D) powerfully transferring

8. ------- are nearly always released from the most conspicuous parts of the blossom.

(A) That flower's sweet scents
(B) It is when the sweet scents of flowers
(C) Flowers with their sweet scenting
(D) The sweet scents of flowers

9. The Kinetoscope, ------- first appeared in 1894, produced primitive motion pictures, each lasting approximately fifteen seconds.

(A) an invention of Thomas Edison which
(B) Thomas Edison invented and it
(C) invented by Thomas Edison which it
(D) which Thomas Edison invented and

10. When the body's temperature ------- 40ºC, immediate steps must be taken to cool it down.

(A) is risen upper
(B) rises above
(C) raises more than
(D) raises above

11. ------- their extensive use of written language, there is no evidence that the ancient Greeks maintained archives.

(A) In spite
(B) Owing to
(C) Regardless
(D) Despite

12. The ------- of Quebec naturally divide the province into three distinct geographical regions.

(A) lowlands, plateau, and mountains

(B) lowlands, plateau, and mountainous

(C) lowness, plateau, and mountains

(D) lowness, plateau, and mountainous

13. Turtles are among the most popular reptile pets, with most of those ------- being baby turtles.

(A) keeping in captivity

(B) in captivity kept

(C) kept in captivity

(D) are keeping captive

14. The best quality linen cloth is made from long flax fibers which ------- the same length.

(A) were consistently

(B) are consistently of

(C) have been of consistently

(D) are consistent for

15. Sarah J. Hale is generally credited ------- Abraham Lincoln to declare an official Thanksgiving holiday.

(A) with having persuaded

(B) to persuade

(C) with persuasion of

(D) for persuading of

Written Expression

Directions: In questions 16-40 each sentence has four underlined words or phrases. The four underlined parts of the sentence are marked (A), (B), (C), and (D). Identify the **one** underlined word or phrase that must be changed in order for the sentence to be correct. Then, on your answer sheet, find the number of the question and fill in the space that corresponds to the letter of the answer you have chosen.

16. The State of (A) Washington has long been a leader into (B) the breeding, care (C), and fishing of (D) Chinook salmon.

17. The Nez Percé, under (A) the leadership of their tribal head (B) Chief Joseph, they (C) won several important battles against (D) the United States Army in 1877.

18. The koala is known for being (A) affectionate, cute (B), and it is good (C) with (D) children.

19. By the early 1960's fully (A) 98 percent of rural household (B) in the United States were receiving (C) electric power (D).

20. Because they (A) are relative (B) large and develop well (C) outside the maternal body, amphibian embryos are ideally suited for (D) scientific experimentation.

21. Bridge was first introduced to North America in 1893 and by the turn of
A B
a century had become its most popular card game.
C D

22. A number of decorative fish to live in many areas of the world
A B C
are referred to as carp.
D

23. Being an alloy of zinc and copper, brass appears in a range wide of
A B C
colors from gold to silver.
D

24. In Canada, oceanographic research is coordinated by the Joint
A B
Committee on Oceanography, which established in 1947.
C D

25. By placing guard between the skin and the sharp edge of the razor
A
blade, a safety razor permits the removal of hair without cutting the
B C D
skin.

26. It was Charles Goodyear's invention of the vulcanization process in
A
1839 allowing rubber to withstand extremes of both heat and cold.
B C D

27. Even though there exist a vast body of detailed information about the
A B
workings of the human brain, much study remains to be done.
C D

28. Because it stays ice-free throughout the year, St. John's is one of
A B C
Canada's most important winter port.
D

29. If a flatworm loses part of its tissue, it would simply regenerate the part
A B
which is lost.
C D

30. As in mammals, the heart of a reptile is located lying in the thoracic
A B C
region, usually between the lungs.
D

31. Eminent domain laws allow for take private land by the government as
A B C
long as appropriate compensation is paid.
D

32. Capillaries are minutely blood vessels which run between the
A B C
terminations of the arteries and the beginnings of the veins.
D

33. Due to their stratified composition, sedimentary rocks have provide an
A B
important record of the Earth's geological history.
C D

34. Zane Grey, the most prolific writer of Western fiction, practiced
A B C
dentistry for seven years before devoting to writing.
D

35. Umiaks, boats made from animal skins stretched at a wooden frame, are
A B
a prime mode of transportation for native inhabitants of northwestern
C D
Canada.

36. Both boy scouts as well as girl scouts must learn more than fifteen
A B
different ways of tying knots.
C D

37. By the mid-1960's, Malcolm X had become for many a cultural,
A
politics, and social symbol of African American self-sufficiency.
B C D

38. Omnivorous animals are that which eat anything indiscriminately,
A B C
whether it is a plant or an animal.
D

39. During the 1860's, Thomas Nast became the first American political
A B
cartoonist to attain international recognize.
C D

40. Although architects may consult a variety of specialists, the overall
A
responsibility for the design of a building is themselves.
B C D

Practice Test 5 解答・解説

Structure

1. 解答 (A)

訳 更新世の時代、大陸に広がった氷床は北半球のかなりの範囲を繰り返し覆った。

解説 ［語の選択の問題］空所の後は名詞なので、空所には前置詞が入る。「更新世の時代に」を表す **(A)** During が適切。**(D)** Prior を「〜より前に」の意味で用いるには Prior to 〜の形にしなければならない。

語句
Pleistocene「更新世の」
continental「大陸の」
ice sheet「氷床」
hemisphere「半球」

2. 解答 (D)

訳 オスの蚊は通常、より毛が密生した触角によってメスと区別されることが可能である。

解説 ［能動態と受動態の問題］主語は mosquito。空所に述語動詞が入るが、「オスの蚊」は自分で「メスと区別する」のではなく人によって「メスと区別される」ので、受動態の **(D)** が正解。

bushy「密生した」
antenna「触角」（複数形 antennae）

3. 解答 (A)

訳 浸透作用は、膜の両側の条件を等しくするために、液体が膜を通ることを伴う。

解説 ［主語と動詞の問題］主語は process で、述語動詞は空所にあると考えられるので、**(A)** か **(D)** に絞られる。意味から考えると、「浸透作用」とは **(D)** の「通るべき液体を伴う」のではなく **(A)** の「液体が通ることを伴う」ことが正しい。

osmosis「浸透」
fluid「液体、流動体」
membrane「膜」
equalize「〜を同等にする」

4. 解答 (C)

訳 呼吸器系の病気が寒冷地方で蔓延しているという事実は、気候そのものより、混雑した屋内の環境で感染が広がりやすいということと、より密接に関係しているかもしれない。

解説 ［比較の問題］主語は fact、それに続く that 節は fact の内容を示しており、述語動詞は may be。後半に than があるので the climate と比較しているものがあることがわかる。the climate と the ease を比べ、the ease の方に「より密接に関係しているかもしれない」と述べている **(C)** が適切である。

respiratory「呼吸の」
prevalent「蔓延している」

5. 解答 (B)

訳 ミシシッピ州では、1870 年になって初めて公教育の統一体系が確立した。

解説 ［句と節の問題］It was not until 〜 that ... は「〜に［〜して］

初めて…した」を表す。「1870年に初めて統一体系が確立した」を意味する **(B)** が適切。Not until で文が始まると後半で倒置が起こるが、It was not until の場合は倒置が起こらない。

6. 解答 (B)

訳 プレアデス星団の7つ星のうち、人間の肉眼ではっきりと見えるのは5つのみである。

解説 ［**主語と動詞の問題**］主語は five で述語動詞は空所にある。**(A)** は適切な形の動詞がなく、**(C)** は関係詞節の使い方がおかしく、**(D)** は余分な主語が入っているのでそれぞれ間違い。「～にはっきりと見える」を意味する **(B)** が正解。

constellation「星座」
naked eye「肉眼」

7. 解答 (C)

訳 機械的動力伝達とは、滑車や歯車のような機械装置を使って、機械を通じてもしくは機械間で、動力を移動させることを意味する。

解説 ［**名詞と動詞の問題**］transfer には「移動」を表す名詞と「～を移す」を意味する動詞がある。空所は前置詞 to と前置詞 through の間なので、ここには名詞や名詞句が入る。transfer を名詞として使い、「動力の移動」を表す **(C)** が正解。

transmission「伝達」
transfer「移動」
device「装置、仕掛け」

8. 解答 (D)

訳 花の甘い香りは、ほとんど常に花の最も目立つ部分から放出される。

解説 ［**名詞句の問題**］述語動詞は are である。空所には主語が入るが、「花の甘い香り」に当たる **(D)** が正解。

scent「香り」
conspicuous「目立った」

9. 解答 (A)

訳 キネトスコープは、1894年に初めて登場したトーマス・エディソンの発明品だが、1作品あたり約15秒の原始的な活動写真を映写した。

解説 ［**挿入句の問題**］主語は Kinetoscope、述語動詞は produced。コンマで挟まれた部分は挿入句で「キネトスコープ」を説明しており、「1894年に初めて登場したトーマス・エディソンの発明品」を表す **(A)** が正解。**(D)** は1つの which が、Thomas Edison invented に対しては目的格、first appeared に対しては主格として機能しており不適切。

invention「発明品」
primitive「原始的な」
approximately「およそ」

10. 解答 (B)

訳 体温が40度を超えたら、即座に体を冷やす処置をとらなければならない。

解説 ［自動詞と他動詞の問題］従属節の主語は temperature で、空所に動詞が入る。rise は自動詞で「上がる」、raise は他動詞で「～を上げる」を意味する。自動詞 rise を適切に用いた **(B)** が正しい。

immediate「即座の」

11. 解答 (D)

訳 書き言葉が広範囲で使用されていたにもかかわらず、古代ギリシャ人が公文書を保管していた形跡はまったくない。

解説 ［語の選択の問題］コンマの前の句と後の節は相反することを述べているので、1語で「～にもかかわらず」を表す **(D)** Despite が正解。**(B)** の Owing to は意味上、不適切である。**(A)** In spite には of が必要。**(C)** Regardless は of とともに「～を問わず、～に構わず」を意味する。

extensive「広範囲の」
evidence「形跡、証拠」
archive「公文書、公文書保管所」

12. 解答 (A)

訳 ケベック州の低地と台地と山は、州を3つのはっきりした地理的区域に自然に分けている。

解説 ［並列構文の問題］述語動詞は divide。The と of の間の空所には主語である名詞が入る。lowness「低さ」や形容詞 mountainous「山の多い」は不適切なので、3つとも同種類の名詞から成る **(A)** が正解。

plateau「台地、高原」
distinct「はっきりした」

13. 解答 (C)

訳 カメは最も人気の高いは虫類ペットの1つであるが、捕らわれているカメのほとんどは赤ん坊である。

解説 ［分詞および語順の問題］前置詞 with は「～して、～しながら」という付帯状況を表すことがあり、直後に〈名詞／代名詞＋動詞の分詞〉を伴う。ここでは those がその代名詞で、being が動詞の分詞。空所部分は those を修飾する句で、**(C)** kept in captivity「捕らわれている」が正しい。

reptile「は虫類」
captivity「捕らわれること」

14. 解答 (B)

訳 最上の麻布地は、常に同じ長さの長い亜麻の繊維からできている。

解説 ［関係詞の問題］fibers を修飾する which 以下が問われている。一般的な事実を述べているので現在形を用いる。**(B)** の of は

flax「亜麻」
fiber「繊維」

「～の特徴を持った、～から成る」などの意味を持つ前置詞で、of the same length は「同じ長さの」を表す。

15. 解答 (A)

訳 サラ・J・ヘイルは、感謝祭休日を正式な祝日として布告するよう、アブラハム・リンカーンを説得した功績があると一般的に思われている。

解説 **［前置詞および動名詞の問題］** 主語は Sarah J. Hale、述語動詞は is credited。credit A with B は「B を A の功績とする」を表す。前置詞 with の後は名詞か動名詞が多く、ここでは過去を示す形を用いた動名詞 having persuaded を with の後に置く。

credit 「～に功績があると思う、～を信じる」

Written Expression

16. 解答 (B) 誤 into → 正 in

訳 ワシントン州は、キングサーモンの養殖、管理、捕獲において長くリーダー的存在である。

解説 **［前置詞の問題］** into は「～の中へ」が基本的な意味であり、「～において」の意味で用いるのは不適切。leader は、特定の集団のリーダーである場合には前置詞 of を、「～におけるリーダー的な存在」の意味にするには in を用いる。ここでは後者の in が正しい。

breeding 「養殖」

17. 解答 (C) 誤 they → 正 they を削除

訳 ネズパース族は、部族長ジョセフの指揮の下、1877 年に合衆国軍とのいくつかの重要な戦いに勝った。

解説 **［重複の問題］** 主語は Nez Percé で、under から Joseph までは挿入句なので、述語動詞は won である。won の前の代名詞 they は主語が重複してしまうので不要。主語の後に挿入句や挿入節があり、主語と動詞が離れているときは要注意。

tribal 「部族の」

18. 解答 (C) 誤 it is good → 正 good

訳 コアラは、愛情深く、かわいらしく、子供とうまく付き合えることで知られている。

解説 **［並列構文の問題］** affectionate, cute, and という表現から、being の後に形容詞が並列されており、もう 1 つ同様の形容詞が続くはずだとわかる。it is を抜いた good のみにする。

affectionate 「優しい、愛情のこもった」

19. 解答 (B)

誤 rural household → 正 rural households

訳 1960年代初頭までに、アメリカの田園地方にある世帯のうち、優に98%が電力の供給を受けていた。

解説 ［単数と複数の問題］主語は household、述語動詞は were receiving。household は数えられる集合名詞で、「98%の世帯」には複数形の households が用いられる。

household「世帯」

20. 解答 **(B)** 誤 relative → 正 relatively

訳 両生類の胚は比較的大きく、母体の外で大いに成長するので、理想的なほど科学実験に適している。

解説 ［品詞の問題］Because で始まる節の中身がポイント。are に意味的に続くのは large であり、その形容詞 large を修飾するのは副詞 relatively でなければならない。

maternal「母親の」
amphibian「両生類」
embryo「胚、胎児」

21. 解答 **(C)** 誤 a → 正 the

訳 ブリッジは、1893年に初めて北米に紹介されたが、世紀の変わり目までにそこで最も人気のあるカードゲームとなった。

解説 ［冠詞の問題］主語は Bridge、述語動詞は was introduced と had become である。文脈から考えて century は19世紀のことで、特定の世紀なので a ではなく the をつける。

22. 解答 **(B)** 誤 to live in → 正 living in

訳 世界中の多くの地域に生息する一群の装飾的な魚は、コイと呼ばれている。

解説 ［分詞の問題］主語は fish、動詞は are referred であり、「世界の多くの地域に住んでいる」を表す句は fish を修飾している。よって不定詞 to live ではなく現在分詞 living にする。

23. 解答 **(C)** 誤 range wide → 正 wide range

訳 亜鉛と銅の合金である真ちゅうには、金色から銀色まで広範囲に及ぶ色がある。

解説 ［語順の問題］主語は brass、述語動詞は appears で、in 以下は appear の説明をしている。「広範囲」を表すのは〈形容詞＋名詞〉の wide range である。

alloy「合金」
zinc「亜鉛」
copper「銅」
brass「真ちゅう」

24. 解答 **(D)** 誤 which → 正 which was

訳 カナダでは、海洋学的調査は1947年に設立された海洋学合同委員会によって調整されている。
解説 ［**能動態と受動態の問題**］「海洋学合同委員会」を修飾するwhich以下がポイント。委員会は「設立された」という受動態になり、関係代名詞の後で受動態を表すwhich was established in 1947にする。

oceanography「海洋学」

25. 解答 (A) 誤guard → 正a guard

訳 安全かみそりは、皮膚とかみそりの鋭い刃先の間に防護物を付けることで、皮膚を切ることなく毛を除去することができるようにしている。
解説 ［**冠詞の問題**］「安全かみそり」が単数形であることに注意。guardは具体的な「防護物、守るもの」の意味のときは数えられる名詞なので、冠詞aをつける。

razor「かみそり」
blade「刃」
removal「除去」

26. 解答 (B)
誤allowing → 正that [which] allowed

訳 1839年のチャールズ・グッドイヤーによる加硫処理の発明のおかげで、ゴムは熱と寒さの両極に耐えられるようになった。
解説 ［**句と節の問題**］強調構文のIt was 〜 that ... は「…なのは〜だった」を表すが、同じ意味でIt was 〜ing ... と言うことはできない。that allowedに変える。thatはwhichとしてもよい。

vulcanization「加硫」
withstand「〜に耐える」

27. 解答 (A) 誤exist → 正exists

訳 人間の脳の働きについてはたいへん多くの詳細な情報が存在するが、まだ行われなければならない研究がたくさん残っている。
解説 ［**一致の問題**］Even thoughで始まる節の中身がポイント。there is [are]で始まる文と同様に、〈there＋一般動詞〉の文でも、その後に続く文の主語に動詞を合わせる。節の主部a vast body of detailed informationは単数形なので、動詞はexistではなく三人称単数現在のexistsである。

28. 解答 (D) 誤winter port → 正winter ports

訳 一年中氷が張らないので、セントジョンズはカナダの最も重要な冬の港の1つとなっている。
解説 ［**単数と複数の問題**］one of 〜「〜の1つ」の後には数えられる名詞の複数形が来るので、**(D)** はwinter portsにする。

ice-free「氷の張らない」
throughout 〜「〜中、〜を通して」

29. **解答** **(B)** 誤 would → 正 will

訳 扁形動物は、組織の一部を失うと、失った部分を単に再生する。

解説 **［時制の問題］** if のある文の主節で would が使われる場合、仮定法で事実に反する仮定の帰結などを表している可能性が高いが、その場合は if 節の中の動詞が過去形などになっているはずである。if 節の動詞 loses から、ここは仮定法ではなく通常の条件や仮定を表す文で、一般的な事実を述べているとわかるので would を will に変える。文としては would を落として regenerate に s をつけてもよい。

flatworm「扁形動物」
tissue「組織」
regenerate「～を再生する」

30. **解答** **(C)** 誤 lying → 正 lying を削除

訳 ほ乳類同様、は虫類の心臓は、通常肺の間に当たる胸部に位置する。

解説 **［重複の問題］**「胸部に位置する」を表すのに動詞 is located が使われているので、同じように「位置する、ある」を意味する lying は重複し、不要。

mammal「ほ乳類」
reptile「は虫類」
thoracic「胸の」
region「部位」

31. **解答** **(B)** 誤 take → 正 (the) taking of

訳 収用権法は、適切な補償金が支払われさえすれば、政府が私有地を収用することを考慮に入れている。

解説 **［動名詞の問題］** 前置詞 for の後に動詞の原形は来ないので、taking にして、「～の」を表す of をつける。allow for (the) taking of private land で「私有地を収用することを考慮に入れる」の意味。

eminent domain「土地収用権」
compensation「補償金、補償」

32. **解答** **(A)** 誤 minutely → 正 minute

訳 毛細血管は、動脈の終わりと静脈の始まりの間を流れる微細な血管である。

解説 **［品詞の問題］** 名詞 blood vessels を修飾するのは、副詞 minutely ではなく形容詞 minute である。

capillary「毛細血管」
minute「微細な」
vessel「管」
termination「終わり」
artery「動脈」
vein「静脈」

33. **解答** **(B)** 誤 provide → 正 provided

訳 堆積岩は、その層状になった構造のため、地球の地質の歴史に関して重要な記録を提供してきた。

解説 **［時制の問題］** 主語は sedimentary rocks。述語動詞 provide は、ここでは have を伴って現在完了を作らなければ文法上おかしいので、過去分詞の provided にする。

stratify「～を層状にする」
composition「構造、組成」

geological
「地質の、地質学の」

34. 解答 **(D)**

㊄devoting → 正devoting himself

訳 ゼイン・グレイは、西部劇小説を書く最も多作の作家であったが、執筆に専念する以前は7年間にわたって歯科医の仕事を行っていた。

解説 **[脱落および自動詞と他動詞の問題]** 主語はZane Grey、述語動詞はpracticed。devoteは他動詞であり、その後に目的語が必要。devote oneself to ～で「～に専念する、身をささげる」を表し、ここではdevoting himself to writingとなる。

prolific「多作の」
dentistry
「歯科医の仕事」
devote oneself
「専念する」

35. 解答 **(B)** 誤at → 正onまたはacross

訳 ウミアクは、木の骨組みに動物の皮を張って作った舟で、カナダ北西部の先住民にとって主要な輸送手段である。

解説 **[前置詞の問題]** コンマで挟まれたboatsからframeまではUmiaksを説明している挿入句。「木の骨組みに張られた」という意味を考えると、atでは不適切。onかacrossにする。

prime
「主要な、第一の」
mode「手段、方法」
inhabitant「住民」

36. 解答 **(A)** 誤as well as → 正and

訳 ボーイスカウトもガールスカウトも、15種類を超える異なった結び目の作り方を習得しなければならない。

解説 **[名詞句の問題]** A as well as Bは「BだけでなくAも」を意味するが、bothとは一緒に使わない。andを用いてboth A and B「AもBも両方とも」という表現を作る。

knot「結び目」

37. 解答 **(B)** 誤politics → 正political

訳 1960年代半ばまでには、マルコムXは多くの人にとって、アフリカ系アメリカ人の自立の文化的、政治的、社会的象徴となった。

解説 **[並列構文の問題]** had becomeの目的語はsymbolで、それを修飾する形容詞を3つ並べる。politicsを形容詞politicalにする。manyはここでは形容詞ではなく代名詞で「多数の人」を表す。

self-sufficiency
「自給自足、自立」

38. 解答 **(A)** 誤that → 正those

訳 雑食動物とは、植物であろうと動物であろうと区別なく何でも食べる動物のことである。

解説 **[代名詞の問題]** animalsは複数形なのでそれを指す代名詞

omnivorous「雑食の」
indiscriminately
「無差別に」

は that ではなく those になる。

39. 解答 **(D)** 誤 recognize → 正 recognition

訳 1860年代、トーマス・ナストは国際的な評価を得た最初のアメリカ人政治漫画家となった。

解説 ［**品詞の問題**］ attain の目的語に動詞 recognize は不適切。名詞 recognition にする。

cartoonist「漫画家」
attain「～を獲得する」

40. 解答 **(D)** 誤 themselves → 正 theirs

訳 建築家はさまざまな専門家と相談するかもしれないが、建築物の設計に対する全面的な責任は彼らのものである。

解説 ［**代名詞の問題**］ 全面的な責任は「architects のものである」ため、それを表す代名詞は所有を表す theirs である。

architect「建築家」
overall「全面的な」

CHAPTER 4
重要語彙リスト＋Exercises

Lesson 1 (Structure)

☐ **anatomy**	名 解剖学、解剖	同 body structure, form
☐ **ancestry**	名 家系、祖先	同 lineage, descent, parentage 反 offspring, descendant
☐ **attempt**	動 ～を試みる 名 試み	同 try, endeavor
☐ **classify**	動 ～を分類する	同 categorize, group, sort
☐ **conservative**	形 保守的な	同 traditional, conventional 反 liberal, progressive
☐ **consist**	動 ～から成る［of＋名詞］、～に存する［in＋名詞］	同 contain, comprise, incorporate, involve
☐ **enact**	動（法律）を制定する	同 pass, legislate, decree 反 repeal, revoke
☐ **invent**	動 ～を発明する	同 devise, create, originate
☐ **reflect**	動 ～を反映する、表す、反射する	同 display, express
☐ **skull**	名 頭蓋骨	同 cranium, brain case

Lesson 2

☐ **devote**	動 ～をあてる、ささげる	同 dedicate, allot, assign
☐ **disease**	名 病気	同 illness, sickness, ailment, disorder 反 health
☐ **estimate**	動 ～を推定する、評価する 名 評価、判断、概算	同 guess, suppose, assess, approximate
☐ **genetic**	形 遺伝的な、遺伝子の	同 hereditary, inherited 反 acquired
☐ **infertile**	形 不毛な	同 barren, sterile, unproductive 反 fertile, rich, abundant, plentiful
☐ **isolation**	名 孤立	同 alienation, seclusion

□ nutrition	名 栄養、栄養状態	同 nourishment, sustenance
□ province	名（カナダなどの）州	同 state, prefecture, region, district, area
□ reproduction	名 生殖、複製	同 procreation, breeding, duplicate, replica, imitation

Lesson 3

□ acknowledge	動 ～を認める	同 admit, concede, accept, approve 反 deny, reject, refuse
□ adaptation	名 応用、適用	同 conversion, change, variation, version
□ adoption	名 採用、採択	同 acceptance, approval 反 rejection, refusal, dismissal
□ decade	名 10 年間	同 ten-year period
□ exertion	名 行使、努力、骨の折れる運動	同 use, exercise, activity, effort, work 反 inactivity, idleness, indolence
□ mass	名 量、かたまり	同 amount, quantity, bulk
□ prominence	名 名声、卓越	同 fame, distinction, renown 反 obscurity, insignificance

Lesson 4

□ discipline	名（学問の）分野、規律、訓練	同 field, subject, area of study, specialty
□ geological	形 地質学の	
□ gravity	名 重力	同 weight, attraction
□ instrumental	形 役立つ、助けになる	同 helpful, useful 反 unhelpful, useless
□ publication	名 出版、出版物	同 printing, issuance, printed book, magazine, newspaper

□ transition	名 遷移、変遷、移行	同 shift, changeover, passage

Lesson 5

□ available	形 手に入る	同 accessible, convenient, obtainable 反 unavailable, inconvenient
□ crop	名 作物、収穫高	同 cultivated plants, harvest, yield, produce
□ experiment	名 実験 動 試みる、実験する	同 trial, test, investigation
□ exposure	名 さらすこと、発覚	同 disclosure, exposé, revelation 反 concealment, cover-up
□ humidity	名 湿気	同 moisture, dampness 反 aridity
□ soak	動 ～を浸す	同 drench, saturate, immerse

Lesson 6

□ digit	名 桁、数字	同 numeral
□ function	名 機能 動 機能する	同 purpose, role, capacity
□ hierarchy	名 階層組織	同 rank, class, grade
□ prior	形 前の 副 ～より前に［to＋名詞］	同 previous, preceding, antecedent 反 subsequent, following
□ significant	形 重要な	同 important, notable, meaningful 反 trivial, petty, inconsequential

Lesson 7

□ critical	形 臨界の、決定的な、批判的な	同 crucial, vital, deciding, determining 反 unimportant, trivial
□ distinctive	形 独特の	同 distinguishing, unique, particular 反 common, ordinary

☐ **feasible**	形 実行可能な	同 practicable, possible, practical 反 unfeasible, impossible
☐ **identify**	動 ～を見分ける、特定する	同 recognize, distinguish, perceive
☐ **legislature**	名 州議会、立法機関	同 parliament, assembly, congress
☐ **manufacture**	動 ～を製造する	同 produce, assemble, fabricate
☐ **ratify**	動 ～を承認する、批准する	同 approve, confirm, endorse 反 reject
☐ **reservation**	名 特別保留地、居留地、予約、遠慮	同 sanctuary, homeland, preserve
☐ **substance**	名 物質	同 object, matter, material
☐ **suffrage**	名 参政権、選挙権	同 right to vote
☐ **sympathetic**	形 共感して、賛成の、同情的な	同 supportive, compassionate 反 unsympathetic, indifferent

Lesson 8

☐ **disorder**	名 不調、病気、混乱	同 disease, ailment, malady
☐ **fatal**	形 死に至るような	同 deadly, lethal 反 harmless
☐ **psychiatric**	形 精神医学の	
☐ **segment**	名 部分、体節	同 portion, part, section

Lesson 9

☐ **conspire**	動 ～しようとたくらむ、企てる	同 plot, scheme, collude
☐ **crucial**	形 重大な	同 critical, vital, essential

☐ **environment**	名 環境	同 surroundings, circumstances, setting
☐ **execute**	動 ～を処刑する、実行する	同 put to death, kill
☐ **reliable**	形 信頼できる	同 trustworthy, dependable 反 unreliable
☐ **replicate**	動 ～を再現する、繰り返す	同 reproduce, copy, duplicate 反 create, invent
☐ **stimulating**	形 刺激的な	同 arousing, exciting, inspiring 反 dull, tedious, monotonous
☐ **transform**	動 ～を…に変化させる［～ into ...］、変える	同 change, alter, convert

Lesson 10

☐ **advocate**	名 支持者 動 ～を支持する、主唱する	同 supporter, defender, promoter 反 opponent, rival, antagonist
☐ **candidate**	名 候補者、志願者	同 applicant, aspirant
☐ **emergency**	名 緊急事態	同 crisis, predicament
☐ **fertilizer**	名 肥料	同 manure

Lesson 11

☐ **compound**	名 化合物、合成物	同 composite, mixture, blend, combination
☐ **embark**	動 始める、乗り出す、（船などに）乗る	同 begin, commence, set out, board 反 disembark
☐ **eruption**	名 噴火	同 explosion, outburst, blast, outbreak
☐ **explosive**	形 爆発性の	同 volatile, fiery, flammable 反 inert
☐ **nourishment**	名 栄養（物）、育成、栄養状態	同 nutrition, sustenance

Lesson 12

□ assembly	名（機械などの）組み立て、集会	同 joining, construction, fabrication 反 dismantling
□ civilization	名 文明、文明化	同 cultivation, sophistication, refinement
□ judiciary	名 司法機関	同 court system, court of law, bench
□ numerous	形 数多くの	同 plentiful, abundant, copious 反 scarce, rare
□ range	動 分布する、及ぶ	同 vary, extend, reach, stretch
□ retail	動 ～を小売りする 名 小売り	同 sell, vend, trade

Lesson 13

□ flourish	動 よく育つ、栄える	同 thrive, prosper, grow, burgeon 反 wither
□ obtain	動 ～を手に入れる	同 acquire, procure, attain 反 lose, give up
□ poison	名 毒	同 toxin, venom

Lesson 14

□ annual	形 毎年の	同 yearly
□ erosion	名 浸食	同 wearing away, corrosion, attrition
□ portion	名 部分、一部、1 人前	同 part, component, fraction, share, serving
□ shrink	動 委縮する、収縮する	同 shrivel, contract, wither, dwindle 反 expand, grow, stretch
□ specify	動 ～を特定する	同 identify, state, define

□ threat	名 脅威	同 peril, risk, hazard, menace

Lesson 15

□ composition	名 組成、成分、構成	同 formation, constitution, configuration
□ condense	動 凝結する、～を凝縮する	同 compress, contract, concentrate 反 vaporize
□ distribution	名 分配、配給	同 allotment, allocation, sharing, apportionment
□ forge	動（鉄など）を鍛える	同 shape, hammer out
□ property	名 財産、所有物、土地建物	同 possessions, assets, belongings, land
□ transparent	形 透明な、明白な	同 translucent, clear, obvious 反 opaque, cloudy, obscure

Lesson 1 (Written Expression)

□ congress	名 議会、国会	同 legislature, parliament, assembly, diet
□ extinct	形 絶滅した	同 vanished, dead, defunct 反 existing, extant, living
□ extremely	副 非常に、きわめて	同 very, greatly, exceptionally
□ influential	形 影響力の大きい	同 powerful, persuasive, prominent
□ simultaneous	形 同時の	同 concurrent, coinciding

Lesson 2

□ alternate	動 交互になる、交替する	同 take turns, substitute, interchange
□ astronomy	名 天文学	

□ **attribute**	動 ～が…にある［のせいだ］と考える［～ to ...］	同 ascribe, credit, assign
□ **cavity**	名 空洞、虫歯	同 hole, dent, pit
□ **fragment**	名 破片	同 piece, portion, chip 反 whole
□ **monastery**	名 修道院、僧院	同 abbey, cloister, priory
□ **originate**	動 生じる、～に始まる［in ＋名詞］	同 arise, begin, initiate 反 end, conclude, terminate
□ **protrude**	動 突出する、突き出る	同 stick out, project, extend
□ **proximity**	名 近いこと	同 closeness, vicinity, nearness
□ **worship**	動 ～を崇拝する、礼拝する 名 崇拝、尊敬	同 revere, venerate, esteem, exalt 反 despise, scorn, disdain

Lesson 3

□ **condemn**	動 ～を非難する	同 censure, reproach, blame 反 praise, admire, applaud
□ **facility**	名 施設、設備	同 building, equipment
□ **fulfillment**	名 遂行、実現	同 achievement, accomplishment, completion, fruition, realization

Lesson 4

□ **accomplished**	形 優れた、熟達した	同 skilled, expert, proficient 反 unskilled, raw, untrained
□ **approximate**	形 おおよその	同 inexact, estimated, rough 反 precise, exact, accurate
□ **archaeology**	名 考古学	
□ **diverse**	形 さまざまな、多様な	同 various, manifold, assorted 反 uniform, same, similar

☐ project	動 ～を推定する、見積もる	同 estimate, appraise, assess, predict, forecast

Lesson 5

☐ accretion	名 増大、付着物	同 accumulation, buildup, increase
☐ amendment	名 修正（案）	同 revision, modification, reform, adjustment
☐ bond	名 債券、絆	
☐ constitution	名 憲法	同 code of laws, charter
☐ efficiency	名 効率	同 effectiveness, efficacy 反 inefficiency
☐ finance	動 ～の資金を調達する 名 財政、財政状態	同 pay for, underwrite, fund
☐ undergo	動 ～を経る、体験する、受ける	同 experience, encounter

Lesson 6

☐ engrave	動 ～を刻む	同 carve, inscribe, etch
☐ era	名 時代	同 time, period, age, epoch
☐ excess	名 超過、行き過ぎ	同 immoderation, surplus, glut
☐ fundamental	形 基本的な	同 essential, key, basic, central 反 superfluous, secondary
☐ justify	動 ～を正当化する	同 explain, defend, vindicate, excuse
☐ loosen	動 ～をゆるめる、ほぐす	同 free, release, extricate 反 tighten, fasten, secure

Lesson 7

☐ revolve	動 ～を中心に回る [around＋名詞]、めぐる	同 go around, rotate, spin, circle
☐ transcend	動 ～を超越する	同 exceed, surpass, go beyond 反 fall short of, lack

Lesson 8

☐ fierce	形 どう猛な、激しい	同 savage, cruel, ferocious, intense 反 tame, gentle, mild
☐ herd	名 群れ	同 flock, mass, group
☐ vaccinate	動 予防接種をする	同 inoculate, immunize
☐ wealthy	形 裕福な	同 rich, affluent, prosperous 反 poor, indigent, impoverished

Lesson 9

☐ cognitive	形 認知の	
☐ hemisphere	名 半球	
☐ sophisticated	形 高度な、精巧な、洗練された	同 complex, intricate, cultured 反 simple, plain, unsophisticated
☐ vast	形 莫大な、広大な	同 huge, immense, massive 反 minute, tiny, diminutive

Lesson 10

☐ altitude	名 高度	同 elevation, height
☐ density	名 密度	同 compactness, thickness, tightness
☐ ethnic	形 民族の	同 cultural, tribal, racial

☐ navigate	動 航行する、操縦する	同 steer, pilot, drive

Lesson 11

☐ consume	動 ～を消費する	同 eat, use, spend
☐ cultivation	名 開墾、耕作	同 farming, tillage, agriculture
☐ physiological	形 生理的な、生理学的な	
☐ precedent	名 判例、先例	同 existing standard, guide, model
☐ urban	形 都市の	同 metropolitan, municipal 反 rural, agrarian

Lesson 12

☐ cattle	名 ウシ（複数扱い）	同 cows, livestock
☐ distinguished	形 著名な、優れた	同 notable, prominent, eminent 反 unknown, obscure, insignificant
☐ hail	動 ～を称賛する、歓迎する	同 praise, applaud, commend 反 criticize, condemn
☐ pest	名 害虫、有害物	同 bug, blight, nuisance, scourge
☐ suck	動 ～を吸う	同 draw, inhale, pull 反 blow, puff

Lesson 13

☐ compose	動 ～を構成する	同 constitute, comprise, make up
☐ constituent	名 構成要素、成分、有権者	同 component, element, voter
☐ convention	名 定期大会、党大会、会議	同 conference, assembly, convocation

□ devise	動 ～を考案する	同 invent, create, conceive
□ poll	動（票）を得る 名 票、投票、世論調査	同 vote, ballot, count, tally

Lesson 14

□ currency	名 通貨	同 money, bank notes, legal tender
□ definition	名 定義	同 meaning, denotation
□ prompt	動 ～を促す、刺激する 形 迅速な	同 cause, incite, induce
□ riot	名 暴動	同 uprising, violent disorder, insurrection

Lesson 15

□ accompany	動 ～を伴わせる	同 escort, go with
□ adequate	形 十分な	同 sufficient, enough, ample 反 inadequate, insufficient
□ contemporary	形 現代の	同 present, current, modern 反 old-fashioned, out-of-date
□ detect	動 ～を見つける	同 notice, discover, spot, perceive 反 miss, overlook
□ exclusively	副 もっぱら、専用に、まったく～のみ	同 solely, alone, only
□ impairment	名 損なうこと、障害	同 disability, handicap, deficiency
□ sector	名 部門、分野	同 field, subdivision, category, district
□ sensory	形 知覚の、感覚の	
□ various	形 さまざまな	同 diverse, varied, assorted 反 uniform, same, similar

Exercise 1

解答と訳 → p.326

ここまで学んだ語彙を確実に覚えるため、Exercise をやってみましょう。下線部に入る最も適切な語を、枠の中から 1 つずつ選んでください。（TOEFL ITP の問題形式ではありません）

adaptation, ancestry, available, classify, enact, exertion, invent, publication

1. Books are _________ed in the library according to their subject area.

2. Because of increased access to government records, it has become easier in recent years to trace one's family _________.

3. The Diet is expected to _________ new tax laws before the end of the year.

4. Thomas Edison is credited with _________ing the electric light bulb.

5. Periodic physical _________ is necessary to maintain one's physical fitness.

6. It is unusual for something to be borrowed from one culture to another without any _________.

7. The _________ date of her book has been postponed until the beginning of next year.

8. A nation must make full use of its _________ natural resources.

Exercise 2

解答と訳 → p.326

advocate, conspire, exposure, feasible, legislature, replicate, significant, transition

1. Political observers expect a smooth __________ of power when the new government takes over next month.

2. The __________ of the firm's illegal financial dealings in the press led to the resignation of its top management.

3. The creation of the Internet has had a __________ impact on the way information is shared in today's world.

4. Free medical treatment for the public may be desirable, but given its high cost few believe that it is __________.

5. The __________ of California mirrors the make-up of the United States Congress, i.e. it comprises two houses.

6. It is now possible to __________ entire strands of DNA that are identical to the original strand.

7. __________s of non-violence typically believe that a violent response results in more violence.

8. The Chicago Seven, a group of 1960's radicals, were accused of secretly __________ing to overthrow the government of the United States.

Exercise 3

解答と訳 → p.327

annual, civilization, critical, emergency, identify, portion, retail, transparent

1. Scientists have debated for decades whether genetic endowment or the child's environment is the __________ factor in determining human intelligence.

2. Police and other government agencies utilize fingerprints to help __________ criminals.

3. All families should rehearse what they would do in the event of an earthquake, fire, or other __________.

4. The history major wrote his thesis on the differences among ancient Eastern __________s.

5. __________ sales at major supermarkets are up 37 percent in the first quarter of this year.

6. Even though the senator's speech avoided stating it directly, his main point was __________ to all in attendance.

7. Each year, all corporations are required to release an __________ financial report to their stockholders.

8. Many intellectuals take issue with the large __________ of the federal budget devoted to the military.

Exercise 4

解答と訳 → p.327

approximate, attribute, composition, extinct, influential, undergo, vast, worship

1. As a result of climate change, thousands of animal and plant species become ________ every year.

2. Since a new prime minister has been chosen, the ________ of the new cabinet is expected to change drastically.

3. Louis Sullivan, the famous 19th-century architect of skyscrapers, was ________ in the design of many of the tall buildings of his time.

4. Religious freedom means that all people are able to ________ their own god in their own way.

5. ________ tracts of land in the American Midwest were deforested by the pioneers who needed farmland.

6. The development of lung cancer can often be ________d to heavy smoking.

7. Until auto repairs are actually performed, the best a mechanic can do is give an ________ estimate of the ultimate cost.

8. Many old highways and bridges in the United States need to ________ major repairs.

Exercise 5

解答と訳 → p.328

alternate, contemporary, cultivation, density, engrave, fierce, revolve, transcend, vaccinate

1. The drivers of a car in a racing team ________ during endurance races.

2. The central issues of the women's rights movement ________ around questions of social, economic, and political equality.

3. The traditional retirement present is a gold watch with the person's name ________d on it.

4. You must ________ your dog against rabies disease in order to get a dog license.

5. If the Middle East peace talks are to succeed, the negotiators must be able to ________ their political and religious differences.

6. The government's plan to raise taxes was met with ________ opposition from the general public.

7. The population ________ of Bangladesh is among the highest of all nations on the Earth.

8. ________ musicians often utilize the latest computer technology in their compositions.

9. Successful long-term ________ of farmland requires periodic crop rotation.

Exercise 6

解答と訳 → p.328

accompany, convention, definition, impairment, navigate, physiological, prompt, protrude, sophisticated

1. The physician thought her patient's problems were psychological because she was not able to find any __________ causes for his symptoms.

2. The Noto Peninsula __________s into the Sea of Japan.

3. Computer hardware is becoming more __________ every year.

4. Because of its currents and rapids, the Columbia River is a very difficult river to __________.

5. Each political party holds its own national __________ every four years in order to choose its presidential candidate.

6. Most automotive safety features have been __________ed by the concerted action of consumer groups.

7. A dictionary can be used to look up the __________s of unfamiliar words.

8. Red wine is usually said to best __________ meat dishes.

9. New technology has allowed those with hearing __________s to hear sounds they never could hear before.

解答と訳

Exercise 1

1. **classifi(ed)**：図書館では、本はその主題領域によって分類されている。
2. **ancestry**：政府記録の利用権利が拡大されたため、近年、人の家系をたどるのはより簡単になった。
3. **enact**：国会は、年末までに新しい税法を制定する見込みだ。
4. **invent(ing)**：電球の発明はトーマス・エジソンの功績とされている。
5. **exertion**：体の健康を維持するためには、定期的な運動が必要だ。
6. **adaptation**：ある文化から別の文化へ、何の改造も加えられることなくある物が取り入れられることは珍しい。
7. **publication**：彼女の本の出版日は、来年初頭まで延期されている。
8. **available**：国家は、手に入る自国の天然資源を十分に活用しなければならない。

Exercise 2

1. **transition**：政治評論家は、来月新政府が引き継ぐ際、円滑な政権の移行を期待している。
2. **exposure**：会社の違法な金融取引がメディアで報じられたため、経営陣は辞任に追い込まれた。
3. **significant**：インターネットの創設は、今日の世界における情報共有の在り方に重要な影響を与えた。
4. **feasible**：国民のための無料医療は望ましいかもしれないが、高いコストを考えると実行可能だと考えている人はほとんどいない。
5. **legislature**：カリフォルニア州の州議会はアメリカ議会の組織形態を反映している。すなわち、２つの議会から成り立っている。
6. **replicate**：今や、元とまったく同じ DNA 鎖をまるごと複製することが可能である。
7. **Advocate(s)**：非暴力の支持者たちは、概して暴力による対応はさらなる暴力をもたらすことになると考えている。
8. **conspir(ing)**：シカゴ・セブンという 1960 年代の過激派グループは、ひそかにアメリカ政府を転覆しようと企てたことで告訴された。

解答と訳

Exercise 3

1. **critical**：科学者たちは、遺伝的な才能と子供が置かれた環境のどちらが人間の知能を確定する決定的な要因なのかについて、何十年間も議論している。
2. **identify**：警察やその他の政府機関は、犯人の特定に役立てるため指紋を利用する。
3. **emergency**：地震、火事、その他の緊急事態の場合に取るべき行動をすべての家庭が予行演習しておくべきだ。
4. **civilization(s)**：その歴史学専攻の学生は、古代東洋文明間の差異について論文を書いた。
5. **Retail**：主要スーパーマーケットの小売売上高は、今年度の第一四半期で 37%上昇している。
6. **transparent**：その上院議員のスピーチは直接的に述べるのを避けていたとはいえ、彼の話の要点はすべての出席者に明白だった。
7. **annual**：毎年、すべての株式会社は、株主に年次会計報告を公開するよう義務づけられている。
8. **portion**：合衆国政府予算の大部分が軍事にあてられることに対して、多くの知識人が異議を唱えている。

Exercise 4

1. **extinct**：気候変動の結果、毎年、何千種もの動植物が絶滅している。
2. **composition**：新しい首相が選出されたため、新内閣の構成には思い切った変化が予想されている。
3. **influential**：ルイス・サリヴァンは、19 世紀の有名な超高層建築家であるが、彼の時代の多くの高層建築物の設計に影響を与えた。
4. **worship**：宗教の自由とは、あらゆる人がそれぞれのやり方でそれぞれの神を崇拝することができるということだ。
5. **Vast**：アメリカ中西部の広大な土地は、農地を必要としていた開拓者たちによって切り開かれた。
6. **attribute(d)**：肺がんの進行は、しばしば多量の喫煙のせいだとされる。
7. **approximate**：自動車修理が実際に行われるまで、修理工にできるのは最終的な費用のおおよその見積もりを出すことだけだ。
8. **undergo**：アメリカにある古い幹線道路と橋の多くは、大規模な修復を施す必要がある。

解答と訳

Exercise 5

1. **alternate**：耐久レースの間、レーシングチームの車のドライバーたちは交替で務める。
2. **revolve**：女性の権利運動の主要課題は、社会的、経済的、政治的平等の問題を中心に展開している。
3. **engrave(d)**：伝統的な退職祝いの品といえば、その人の名前が刻まれた金時計である。
4. **vaccinate**：飼い犬の登録をするためには狂犬病の予防接種をしなければならない。
5. **transcend**：中東の和平交渉を成功させようとするなら、交渉者たちは政治的、宗教的相違を乗り越えられなければならない。
6. **fierce**：政府の増税計画は、一般市民からの猛反対にあった。
7. **density**：バングラデシュの人口密度は、世界の国々の中で最も高いもののうちの一つだ。
8. **Contemporary**：現代の音楽家は、作曲に最新のコンピュータ技術をよく活用する。
9. **cultivation**：農地の長期耕作を成功させるには、定期的な輪作が必要だ。

Exercise 6

1. **physiological**：その医者は、患者の症状の生理的原因を何も発見することができなかったため、問題は心理的なものだと考えた。
2. **protrude(s)**：能登半島は、日本海に突き出ている。
3. **sophisticated**：コンピュータのハードウェアは、年々より精巧になってきている。
4. **navigate**：その流れと早瀬のため、コロンビア川は航行するのが非常に困難な川だ。
5. **convention**：各政党は、大統領候補者を選出するため、4年に1度、全国党大会を開催する。
6. **prompt(ed)**：自動車の安全機能のほとんどは、消費者団体の一致した行動に促されてできたものである。
7. **definition(s)**：辞書は、なじみのない単語の定義を調べるために使える。
8. **accompany**：通常、赤ワインは肉料理と最も合うと言われている。
9. **impairment(s)**:新しい技術によって、聴覚障害のある人々が以前はまったく聞こえなかった音を聞くことができるようになった。